巨流圖書公司印行

大同日照叢書03

跨世代心靈悸動

大同福樂學堂老少共學記述

吳文正等 著

PREFACE・序1

跨代共學・場域創生

有些事，值得細細琢磨！

　　高雄市政府委託高醫經營的市立大同醫院，近年來，於深化長期照顧工作、建構長照標準作業、創新長照服務模式等構面，透由醫院與市府團隊的共同努力，在「運用國小閒置空間作為日間照顧的場域」這個命題上不斷深化，無論是在法規的突破、建物的盤整、細節的規劃到思考如何才是在地高齡者的需求，進而努力推展「老少共學」，我以為，我們已經看到初步的成果！

　　每每看到這個典範場域中國小學童與長輩親密自然的交融互動，過程中因著長輩不同的生命經歷，隨著老師們規劃設計好的帶領方式逐一帶動，國小學童因而收穫更豐富，長輩因而強化了

肢體與認知功能，「學習」這件事情的深度與意義也因此獲得不同層次的詮釋。

　　高雄市政府對於長期照顧工作的推動用力雖深，然，我們仍知尚有許多不足，盼望市府團隊和大同醫院的經驗，可以開啟更多有志投入台灣長照工作夥伴的心，讓我們一起琢磨，期待來日結實纍纍！

高雄市政府副秘書長 蔡柏英

老少共學，世代共融

因應高齡社會浪潮的到來，讓長輩生活在最熟悉的地方，享受家庭生活的和樂溫暖，高雄市建構以社區為基礎之長照服務體系。所以高雄市積極推動運用閒置空間佈建日間照顧中心，落實在地老化的政策理念。

本市活化學校閒置空間設立日照中心，105 年 8 月在大同國小設立「大同福樂學堂」，成為全國首創國小校園設置日間照顧中心。日照中心除提供專業照顧，並提供多元化和個別化的課程，藉著活動訓練減緩長輩失能速度和增進生活適應。

在此書的紀錄中，記錄了老少共學快樂的回憶：「兩兩成組的老少為了製作香包而努力，討論聲此起彼落，秀錦阿嬤拿起針線咻咻就穿好線，三兩下完成填充棉花和香料階段，阿嬤俐落動

作，看得小軒是一楞一楞的，原來秀錦阿嬤是很厲害的裁縫師，小軒恍然大悟直說阿嬤真的好厲害！聽著小軒讚美，秀錦阿嬤動作更加快腳步，完成一個香包不到 5 分鐘，立刻給小軒戴上，讓小軒愛不釋手呢。」

「大同福樂學堂」為全國老少共學場域之先，開啟長輩和學童共同學習空間的典範。透過教師導入代間教育的課程，讓學童體悟長輩生命經驗的美好，進而親近和關懷長輩；長輩看見學童的純真，感受生命延續的美好。長輩與學童藉著溝通和學習，一個眼神一個動作，透過世代間的互動交流，讓老幼都有收穫與成長。校園內設置日照中心不僅實現在地老化的目標，進而活化校園閒置空間，更開啟了校園與長照結合的新里程。

高雄市政府衛生局局長 黃志中

邁向「共享校園——老少共學」新時代

寫在全國第一個「校園日間照護中心」成立週年

在少子女化的趨勢下，不可避免的在校園內產生許多餘裕的
教室、空間，如何以創新思維，重新賦予這些空間新生
命，一直是教育局積極思考的問題。此次與大同醫院的合作，不
僅是未來推動長照與校園結合的最佳典範，也讓教育局、學校能
實際參與日照中心從無到有的過程。如今大同福樂學堂的落成，
帶動了社區的整體發展，讓空間資源能有效利用，帶來更多的社
會效益，也藉由與大同國小雙方的合作，逐漸發展老少共學的活
動與課程方案，這是一個空間轉型的新契機，也使「混齡校園」
大步邁向新里程。

　　能有現在如此豐碩的成果，費時兩年的歷程備極艱辛，空間

媒合需要多次的溝通與協調，才能聽到學校、教師、社區、家長不同族群間真正的聲音，以及對空間規劃的意見。經過 162 次的協商討論，大同醫院 2 次計畫提送，2 次配合都更提案審議、13 次國小老師家長鄰里社區溝通協調會，以及無數次的電話溝通、討論。大同醫院的堅持與學校的合作，讓不可能化為可能。

另市政府大力支持，各局處的協調與配合，一一克服了建物執照、消防安檢、社政法令辦理變更或取得許可等多重程序等相關問題。這間全國首創，引進醫療院所專業資源，並以校園餘裕空間成立的日間照護中心「大同福樂學堂」，順利在 2016 年 8 月正式開幕。大同福樂學堂不僅成為高雄市日照與學校餘裕空間結合的典範，也引起各縣市、中央單位甚至國外團體的重視，紛紛參訪觀摩。

高雄市積極協助推動中央長照 2.0 的政策，繼續努力推動校園餘裕空間活化與媒合，看到大同醫院能引進現有的醫療資源，將空間打造成符合高齡者的友善環境，並藉由專業團隊規劃的活動，可以延緩高齡長輩失智的問題，照顧他們的健康起居。對於家有高齡者的雙薪家庭來說，能夠早上上班帶著小孩、父母到同樣的地方，解決了家長接送問題，更給市民一個安心、安全以及

可以盡孝道的場域，這是我們所樂見的。

　　面對少子化與老齡化的時代困境，我們在「大同福樂學堂日間照顧中心」看到新的發展契機，建立醫療機構與教育單位的共同備課的模式，學校教師與照護醫護在不同專業領域當中交換意見彼此成長，設計老少共學課程，這對老師來說是一項極大的挑戰，感謝大同國小參與課程的老師，在課程設計上不斷地精進與成長，值得肯定，期許能將這難得的經驗分享給更多對老少共學議題有興趣的教師。

　　在現今的社會中，長輩與學童的互動機會極少，學童與長者共學的課程，創造了學童與阿公阿嬤的互動機會，為長者帶來陪伴與歡笑，也讓學童更能同理與關懷家中長者，同時學校也創造出別具意義的課程、發展學校特色。

　　教育局鼓勵學校釋出空間，積極活化校園，於 2017 年 6 月以「共享校園——翻轉校園空間」專案，榮獲行政院「第九屆政府服務品質獎」的肯定，並成為全國典範；我們都有變老的一

天，校園餘裕空間的活化，將是全體高雄市民的福氣，教育局會
加速推動校園的再生利用，期盼高雄市校園完整終身教育歷程，
成為老、中、青、少、幼的混齡學習樂園，打造特色學校，創造
更高的教育價值。

高雄市政府教育局局長 范巽綠

教育者的社會責任與理念

大同福樂學堂是由大同醫院利用大同國小閒置教室成立的日間照顧中心，成立伊始即受到高雄市政府相關局處深深期許以「老少共學」為最主要目標；在福樂學堂開辦一年之際，各項運作堪稱順利及業務相對穩定後，即積極接洽所在之大同國小及其附設之幼稚園試辦各種老幼、老少共學相關課程，在獲得國小老師的支持與實作後，其結果深獲學堂長輩家屬之讚許，我們也深信埋入的種子也會在孩子的心中慢慢地開出花朵。

大同醫院為高雄醫學大學附屬機構，大部分同仁兼具教職，對於急性醫療、護理專業及各類醫事行政之教學都有所長與經驗，然針對長期照護後的各項專業則仍在努力之過程，對於老少共學所能提供之經驗更是少之又少。即便如此，身為教育者有責任在機會降臨時，提供更多的資源與可能性來承先啟後，串起長輩與下一代世代學習的橋梁；其實這正是大同醫院在校園餘裕空間設置日照中心之另一社會責任。

大同國小與大同福樂學堂因地利之便，成為老少共學課程的最佳夥伴，不管是活動式的引導、課綱上的配合都為老少共學打下良好的基礎，學校老師、學生家長對此均表達正面肯定；學堂裡的家民、家屬亦都感觸良多、感受深刻。相信在潛移默化的流動下，能漸漸地改變社會風氣。

推動老少共學對於學校老師、福樂學堂工作人員都是原有工作之餘外加的任務，對於老師及工作人員負擔極大，在各自不熟悉的領域上需跨領域交流、融會及貫通後才能在課堂上擦出漂亮的火花。在此，特別感謝願意挺身而出推動老少共學的同仁，社會上已經顯少有人願意去推動無法立即看到成效的事務，但卻會因為我們願意投入的這一點點心力，匯積成海洋，孕育更多社會的希望，這是身為教育工作者最初的理念，也莫忘最初的理念。

最後，再次感謝高雄市政府教育局及大同國小全體師生，在教育的路途中，相信我們正在執行正確的事情。

高雄市立大同醫院院長 吳文正

Contents·目次

序 1 iii　　　　序 2 v

序 3 vii　　　　序 4 ix

Part 1　醫學×校園×學堂　生命教育的延續 1

Part 2　代間共融新趨勢　共備會議起跑 11

Part 3　「老少一同笑開懷」－一年級課程 29

Part 4　「水中世界樂無窮」－三年級課程 39

Part 5　「美麗的海翁」－五年級課程 49

Part 6　陪伴與倍力－小學伴的體驗 61

Part 7　教育現場的新嘗試 75

Part 8　回歸人與人相處的自然模式 87

Part 9　來自醫療專業的肯定 93

Part 10　看見改變的力量 103

Part 11　跨世代的學習（Intergeneration Learning） 109

Part 1

醫學×校園×學堂
生命教育的延續

醫學×校園×學堂
生命教育的延續

　　「老少共學」是大同醫院副院長吳登強的夢想，為了將來自己老了以後希望晚輩能如何對待他，他希望能從老少共學中就能預先看到。因此，即使知道推動老少共學不容易，但他仍不畏推動之困難執行，成果也令人滿意。

　　台灣是個敬老尊賢的社會，從小就教小孩要尊敬長輩，然而口號說說，不如身教更為有用，吳登強認為，在現階段少子化的社會裡，將來的「少」未必是自己的子孫，「老」也不會是自己的阿公、阿嬤，即早能讓老少適應未來的社會型態是非常重要的。

　　倘若家中的長輩生病，其兒女在體貼父母的認知下，多會叮嚀孩子不要去吵鬧阿公、阿嬤，貼心的舉措卻反而剝奪了長輩的天倫樂。然而，長輩與小孩的關係是最純真，長輩溫暖的心能呵護孩子，應該要讓長輩能夠無罣礙的與孩子在一起，在沒有隔閡中自然相處，這才是最好的老少關係。

　　現今很多人看著小孩都會冠上「屁孩」二字，因此，為了不要讓「尊老」變成口號，吳登強認為，屁孩若能夠慢慢訓練，讓

他們與陌生長輩共處，學習與長輩相處，並能體貼長輩，這樣的成長家長是看得到，也能感受得到的，讓老人家的善良、小孩的純真共融，才能創造美好的社會氛圍。

就因為這份使命感，讓老少共學一直是大同醫院努力的方向，面對學校的疑慮，院方也都積極溝通，吳登強更宣示就算有巨石橫阻，也希望能促成老少共學，甚至讓老少共學能夠制度化，因為這是對的事，就該堅持到底。在這種強烈的信念下，老少共學在福樂學堂及大同國小的共識下，第一次有系統性的執行，並得到長輩、學生、家屬、校方及大同醫院相當的好評，感動聲不斷，吳登強認為這是五方共贏，是相當有意義的事情。大同福樂學堂很幸運的能有這群優秀的團隊，共同努力，將老少共學的制度初步建立起來。

老少共學在台灣尚未有長期執行的單位，且大多是活動性、服務性質，大同福樂學堂願意在老少共學上作為台灣的領頭羊，雖然面臨到不少問題，但吳登強說，面臨問題就面對並解決，只要能做到的，大同醫院全力支持，希望排除萬難，將制度架構建立起來，將來若能有更多單位起身執行，也會有參考的方向，對未來即將進入老齡化的台灣社會將是一大助益。

吳登強是大同國小校友，對大同國小的環境再熟悉不過，當然也希望大同國小能愈來愈好，在已是少子化社會的台灣，辦學要有特色，希望老少共學能成為大同國小的特色，吸引認同老少

高雄市立大同醫院副院長　吳登強

　　共學的家長將孩子送到大同國小，也因此，大同醫院不吝於將老少共學的成果展現出來，讓校長、老師、學生及長輩們發表老少共學所得到成果，增加執行老少共學的信心，並為下一階段更好、更完整的老少共學作準備。

　　一個人的夢想，可能只是做夢，一群人的作夢，才會讓不可能的夢想成功。在將來，我們將逐漸變老，但是我們依然有夢。

全面革新　老少互動模式

　　大同國小的學校願景是「快樂、適性、創意、倫理、效

能」。校長林鶴貞說，在教育核心中，倫理是相當重要的一環，「老少共學」深具代間互動及人性關懷教育意義，大同國小因福樂學堂的進駐校園地利之便，師生們試行老少共學課程。

代間關懷從小扎根，在目前多數是小家庭的社會中，小孩跟老人家並沒有太多時間可以接觸，學校辦理相關敬老關懷教育多需刻意安排活動，像是到各安養中心、日照中心擔任服務志工等等，但此火花式的體驗活動，難以真正培養孩子人文關懷素養，此類課程也並非孩子不想學，而是社會及學校沒有提供給孩子適當的學習機會，透過持續性老少共學的課程，讓孩子與長輩間建立共伴共融關係，彼此相處中學到更多的人生經驗，此課程實踐是有其珍貴的教育意義，讓老少互動方式可以全面革新。

大同國小因應福樂學堂成立之初，辦理幾次老少共學初探活動，如一年級學生參與「老少慶新年」、幼兒園「老幼同歡唱」及福樂學堂「第一屆老幼運動會」等。學校的老少共學教學是邀請四年級教學群設計融入藝文、健體及綜合三大領域的協同主題課程，教學內容包含「老化感官現象體驗」、「懷舊老歌」、「保腦操共學」、「健康三明治」及「敬老奉茶」等，教學過程更設計「老少共伴賓果遊戲」，學校也利用全校教師共同聚會時間，進行該主題式教學分享，教師們在同儕間的經驗傳承與專業交流中，對老少共學實施有了初步概念，學校也進而結合教育部特色學校計畫及教育局的專案資源，於 106 學年度將老少共學採

融入領域教學方式納入課程計畫中，試行一至六年級縱向課程，也鼓勵教師嘗試跨域的協同合作，多元探究老少共學的可行性。

　　大同國小老師們試行老少共學課程後，於校內特色課程教學經驗分享與專業對話中肯定老少共學的教育價值，然準備老少共學課程此新嘗試，對老師們是有壓力的，帶學生到福樂學堂上課，課程內容要呼應老少共學可行性內涵，教學活動亦需老少兼顧，著實增加不少負擔，尤其幾次活動下來，老師們也灰心部分長輩們的反應冷漠，因此，在確立老少共學課程前，與福樂學堂進行課程的共議、共備就相當重要。福樂學堂是以失智長輩為主，但每位長輩的狀況不同，失智所呈現出來的狀況也不同，透過共備課程讓學校端能夠更了解長輩的狀況，並避開可能會造成長輩危險的因子，才能建立雙方學習者的教學品質。

　　此外，目前老少共學因顧忌福樂學堂長輩的情況，都是學生前往福樂學堂上課，但福樂學堂的場域不夠大，也並非專科的教室，以至於師生上課的活動多有受限。目前大同國小的老少共學仍只是開端，不諱言地大同國小的老少共學課程涉及學校及日照中心兩個不同單位，在教育的前提下課程實施是可行的，但若要長期實施，彼此的合作目標與相關教學人力、共學課程、教材教具、環境設備及資源配套都需要完善的溝通與整備，才能確保課程與教學的階段性發展、修正、進行及效益評估，老少共學課程亦能納入家長意見取得共識，以建立互惠共榮的信任關係，讓雙

大同國小校長　林鶴貞

方都能樂意去進行，也能認同老少共學的良好結果，老少共學於學校端才能有效合作且持續性執行的可能。

生命才能影響生命　拓展老少共學範疇

「生命才能影響生命」，大同醫院社會服務室暨福樂學堂日照中心主任謝文蒨積極促成與大同國小「老少共學」課程，希望代間學習可以讓失智長輩和小朋友都能有收穫，也能達到合作的價值。

大同福樂學堂設立在大同國小的發想就是希望能夠連結長輩與孩子，一開始雙方磨合的確有諸多衝突，然而真正成立並與學校互動後，謝文蒨發現，小朋友對長輩並不排斥，一、二年級的

學生對長輩很親近，愈大的高年級學生雖較拘謹卻也不排斥，很多顧忌幾乎都是大人想像的。因此，營造溫馨的環境，減少大同國小師長們心中的疑慮，是促成老少共學最重要的前置工作。

謝文蒨說，只要是能對福樂學堂裡長輩有益的事她都很樂意去做，在成立近兩年期間，不厭其煩的多次與學校溝通連繫，也舉辦多次老少共學活動並事後檢討，到最後讓老少共學真正執行，過程辛苦卻也值得。

回想小時候因為跟阿公、阿嬤相處自然而然的學會台語，謝文蒨再看看自己的女兒，因為小家庭與長輩相處的時間變少，女兒們幾乎都不會講台語了，這是小朋友的損失；而日本許多日照中心、安養院旁的幼兒園、國小都會安排學生前往陪伴長輩，讓學生從小就能看到更多人生真實面，更早接觸生老病死，提供給小朋友對生命的認識，也因此，謝文蒨對老少共學有相當的期待，也許對學校來說無關課綱，卻能讓學生從長輩的身上學習到生命教育、人文教育。

經過與大同國小共備課程會議並確認密集舉辦老少共學課程後，福樂學堂即向長輩及家屬預告課程，謝文蒨發現，當週長輩們請假的人數變少，家屬送長輩們到校時會多留下一點時間來觀看上課情況，隨著課程舉辦多日，長輩們上課的心情愈來愈好，笑容也變多，家屬看到長輩們的笑容也頻頻向她道謝，並分享長輩們心情的變化，非常值得。

　　謝文蒨笑說，比如陳阿嬤以往是不出門的，現在每天早上 6 點多會打電話給住在附近的女兒張小姐，問什麼時候載她到學校，媽媽的變化讓張小姐相當驚喜；許阿公原本上課都很低調，卻也在老少共學後，每天快樂的跟謝文蒨說「You are every good（妳非常的棒）」；詹阿嬤每次都要求要跟小朋友合照留念等等，長輩們當下快樂的情緒就會促進他們的身體健康，老少共學帶給長輩們的刺激是正向且立即可見的。

　　「生命才能影響生命」是謝文蒨的真實體認，在密集執行老少共學後，謝文蒨也肯定老少共學對長輩和小朋友帶來的正向刺激，同時，她也認為，老少共學的課程不要只著眼在大同國小的學生，可以將福樂學堂社區化，將觸角伸展至鄰近的學校，也不要受限於小學，而是往上延伸至國、高中學生，可以長期固定的課程，也可以利用寒暑假讓學生前來與長輩們上課，可執行的面向很多。

　　事實上，福樂學堂成立之後，觸角也多次往外延伸，鄰近的建國國小、前金幼稚園等學校學生都曾與長輩們接觸，也都有很好的回饋，謝文蒨不排除主動出擊，並表示，老少共學是多數學校肯定的人文教育，長輩們的人生經驗、特殊專長等，都是孩子很好的人生老師，未來，可以讓長輩成為傳藝大使，依據長輩們的專長來設計課程，有機會跟陌生的長輩學習家裡所學不到的知識，了解不同的文化，對孩子來說是很好的學習機會。

高雄市立大同醫院社會服務室主任　謝文薔

謝文薔認為堅持好的事情就要持續做下去，並隨著時代的演變引進創新的東西，所以除了老少共學外，她甚至希望未來能引進動物，像是狗醫生，又或者是機器人，讓長輩可以經由各種不同的刺激得到更多的正向影響。她有感而發的說，失智長輩的腦力退化不可逆，但如果能夠利用各種不同的刺激延緩長輩們的惡化，再辛苦都是值得的。

Part 2

代間共融新趨勢
共備會議起跑

代間共融新趨勢
共備課程會議起跑

　　「老少共學」是大同福樂學堂設立在大同國小內的最大目標，為了試探課程實施的方向，福樂學堂和大同國小首次進行共備課程會議，結合醫學及教育專業，共同研擬出適合老少共學的課程。

　　福樂學堂成立兩年以來，大同國小各年級小朋友有幾次到福樂學堂與阿公、阿嬤們一起上課同樂的經驗，但僅止於活動形式，行前也並未與福樂學堂相關人員共同備課，變成各彈各調，活動中福樂學堂照顧服務員（以下簡稱照服員）無法從中協助老師上課，而老師也會因為長輩們都沒有回饋而產生挫折感，以至於原初共學的目標遲遲無法達標。

　　大同醫院院長吳文正一直希望在任內能夠成功推動老少共學，畢竟全台灣唯有福樂學堂有著得天獨厚的地理環境，就位在大同國小裡，與大同國小學童僅有一座操場之隔，老少共學不僅可以讓失智長輩能夠獲得刺激，重拾往日與兒孫相處時光；小朋友藉由與長輩的相處也能夠學習如何照顧長輩、協助長輩並體貼

長輩，吳文正的想法也獲得大同國小校長林鶴貞的支持，並促成
雙方共備課程會議。

　　共備課程會議由大同醫院高專陳益良、祕書陳麗琴、主任謝
文蒨、公關組組長雷蕾及福樂學堂社工林姿瑜、照服員黃佳惠、
黃秀梅參加；大同國小則是校長林鶴貞、教務主任陳姿今、學務
主任李玉霜、總務主任邱世杰及一、三、五年級老師張沛淇、黃
莉棋、陳世鈴、郭姿伶、鄭鈿樺、洪嘉薇等人參加，針對老少共
學各年級開課進行細節性討論。

　　當醫學端與教育端一起討論後才發現不同專業所考量的層面
有相當大的差距，因此，討論一開始即針對各年級老師提出的課
程大綱進行相當仔細的探究。以一年級「老少一同笑開懷」來

說，備課的張沛淇準備教唱〈我愛我家〉，這是一首醫院端不熟悉的兒歌，因此認為福樂學堂的長輩們應該也不熟悉，謝文蒨即建議為了讓長輩們能夠很快的投入課程唱跳中，是不是先讓照服員拿回福樂學堂教長輩們練習，原本張沛淇認為〈我愛我家〉歌詞淺顯易懂，且音樂旋律簡單，應該現場教唱即可，但謝文蒨覺得，讓長輩們先熟悉歌詞，上課時可以跟著小朋友們一起唱跳，長輩們會比較有成就感，最後決定由張沛淇提供音樂，讓照服員利用每天早上的讀報時間教唱。

此外，有些國小老師們熟悉且經常使用的素材，但對失智的長輩們可能都具有危險性。以一年級老師黃麗蘭的「捕夢網」課程來說，捕夢網所用的材料中有軟鋁絲、彩色小串珠等，就引起福樂學堂工作人員的注意，提出軟鋁絲安全性和小串珠有可能會讓長輩不小心吞下肚子。開始時福樂學堂工作人員的顧慮讓校方覺得多慮，不過，當照服員解釋，串珠的多彩顏色有可能會讓阿公、阿嬤誤以為是糖果吞下肚，老師們才了解，最後並決定在老少共學前

先由小朋友將串珠串入軟鋁絲後再提供給阿公、阿嬤使用。

　　原本三年級陳世鈴的「水中世界樂無窮」課程設計，是利用黏土讓老少捏塑海底生物後，於成品黏上磁鐵，再用棉線、筷子等組裝成釣竿，讓老少體驗釣魚的樂趣。然而，老師們不知道黏土對失智長輩來說是個大地雷，福樂學堂就曾發生過外聘老師利用黏土讓長輩們手作作品，結果因為黏土白白的像是塊大麻糬，就有幾位長輩一拿到馬上送進嘴巴要吞下肚，讓照服員和老師都措手不及，所幸最後處理得當沒有發生危險，從此以後黏土成為福樂學堂禁忌的材料。

　　既然黏土不能用，現場所有人開始集思廣義思考替代材料，從木材、紙到最後李玉霜提到，有一種不織布的材料可以縫香包，正好應景即將到來的端午節。但縫製香包卻又牽涉到針線的問題，擔心長輩會不小心刺到，也擔心長輩會隨手拿回家產生危險，最後決定採用塑膠材質的針，並且要求小朋友現場拿出多少支針，最後就要回收多少支。最後定案香包讓林鶴貞相當高興，並表示，小朋友一向對打結都有障礙，但長輩們一定都很熟悉，由長輩來教小朋友如何將線打結，讓他們當老師，這樣的概念非常符合老少共學。

　　上課的節奏同樣也是多所討論，以李玉霜五年級「美麗的海翁」來說，結合資優班老師鄭鈿樺的行動教學，使用相當多 3C 產品上課，3C 產品對多數長輩來說都比較陌生，不論是畫面的

定格，或是解説，福樂學堂工作
人員都建議要比平常老師上課
時的速度再慢一點，讓長輩能
夠有較多的時間可以理解，
李玉霜理解並表示會再進行修
改。

　　首次共備課程會議花了近
三個小時，過程中雙方不斷有隔
行如隔山的驚嘆，也都認為經過這場
共備課程會議讓老少共學執行可行性提
高。李玉霜就説，上學期她也曾帶學生到福樂學堂
上課，因為不曾跟長輩接觸，不熟悉長輩們的狀況，她的上課
仍以平常在課堂上跟小朋友互動的方式一樣，結果，小朋友如
常反應，長輩們卻動也不動，照服員更不知如何協助，一堂課
下來讓她深感挫折，但經過共備課程會議的討論交流，讓她了
解長輩們有哪些需要特別注意的事，也讓她在備課上更有方
向。

　　陳益良則説，共同討論課程執行方式，能夠避開危險性，
讓雙方都能夠理解彼此的特性，可以讓老少共學課程設計達到
預期目標。

教學活動大綱：（一年級）老少一同笑開懷

教學活動設計

教學活動內容及實施方式	時間	教學資源	評量
一、相見歡 　　同唱哈囉歌 互相問好認識學伴	3分鐘		口語表演
二、歌曲教學 我愛我家 1 引導大家唸出節奏性的歌詞。 2 逐句的帶領大家唱出歌曲。 3 待全體熟悉後，老少相互競賽唱歌。	7分鐘	投影機、音響用具	
三、節奏教學 1 引導大家利用木魚、手搖鈴為歌曲敲出節奏伴奏。 　有個地方 真可愛 老老少少 故事多 　大手牽小 手　鄉親又相 愛 　有你相伴 不害怕 我愛我的 家 　※木　魚： 真可愛 　※手搖鈴： 手 2 待全體熟悉後，老少相互競賽，為歌曲敲出正確的節奏。	15分鐘	木魚、手搖鈴、投影機、音響用具 音響用具	實作表演

四、歌曲律動 ① 老師逐句引導大家邊唱邊跳。 ② 老少一起邊唱邊跳同歡樂。 ③ 分配有的敲樂器、有的邊唱 　邊跳，大家一起同樂	15分鐘	
捕夢網： 一、分享自己夢想的經驗：我 　　是惡夢難睡，還是每天都 　　可美夢入睡。	5分鐘	分享
二、這場捕夢網課程，讓大家 　　製作屬於自己的捕夢網， 　　老少各有一個光碟，貼圖 　　可先按照十字線貼你喜愛 　　的造型；也可先將大圓形 　　貼紙先貼上小圓形紙後減 　　半，再設計貼上光碟上； 　　也可貼成圓形的造型，有 　　大有小的圓圈圈。要記得 　　做成亮晶晶的捕夢網喔！ 　　將老少的光碟前後合併， 　　成為雙方的捕夢網。	30分鐘	美勞用具、 光碟、貼 紙、剪刀　實作
三、作品完成，開心合照。透 　　過它給你祝福與守護，帶 　　來平安與好運的意義！	5分鐘	

授課老師：黃麗蘭、張沛淇、黃莉棋

黃麗蘭

黃莉棋

張沛淇

教學活動設計

教學活動內容及實施方式	時間	教學資源	評量
一、認識學伴 　　與長輩寒暄自我介紹，認識學伴。	3分鐘		口頭報告
二、教學主題：海洋生物香包製作		說明卡	口頭報告
（一）香包起源介紹，配合端午節活動。	5分鐘		
（二）香包製作流程： （和長輩共同完成作品）	25分鐘	海洋香包、塑膠縫針、毛線、棉花、白膠	實作
1 分發材料包：和學伴一起檢視材料包內容物，並一起創作。			
2 製作說明： 　利用毛線及塑膠縫針練習穿針及打結，將海洋生物造型的不織布打孔香包加以縫製（平針），並塞入適量棉花後收口打結。過程中請和學伴一起製作，有助於精細動作技巧練習。			
3 黏貼附件：利用白膠黏貼活動眼睛、魚鰭、花紋……等附件，即完成作品。			

（三）作品展示並合照： 各組上台展示並介紹自己和長 輩創作的海洋香包，也可到各 組欣賞作品。 和學伴開心合照。	5分鐘	作品、相機	口頭 報告
三、環境整理 　　　回收塑膠縫針，物品歸位。 　　　　　---第一節完---	2分鐘		
一、認識學伴 　　　與長輩寒暄自我介紹，再 　　　次相見真開心。	3分鐘		口頭 報告
二、教學主題 1 海底世界樂悠遊——魚而動 　起來！ 　介紹海底生物，並和長輩共 　同認識並創作海底世界的各 　式生物。	5分鐘	iPad、投影 機、螢幕、 圖畫紙、彩 色筆、海洋 生物圖片、	實作
2 以準備的 APP 專用掃描空白 　圖卡繪製海底生物，也可以 　簽上名字唷。	20分鐘	魚兒水中游 歌曲、音 響、APP	
3 畫完後以 APP 掃描，以投影 　機投影，魚兒會動起來喔！			
4 動畫投影於螢幕上。			
5 與長輩一同歌唱〈魚兒水中 　游〉。			
三、作品展示並合照： 　　　各組上台展與自己畫作和 　　　投影的游動魚兒合照	5分鐘		
四、環境整理 　　　　---第二節完---	2分鐘		

授課老師：陳世鈴、郭姿伶、鄭鈿樺、陳姿今

陳世鈴

郭姿伶

鄭鈿樺

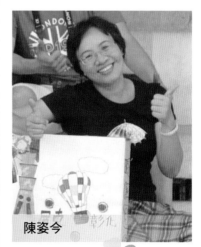

陳姿今

教學活動設計

教學活動內容及實施方式	時間	教學資源	評量
一、相見歡 學生和長輩互相寒暄問好，認識學伴。	5分鐘		
二、阮兜蹛佗位 1 全班分成6組，教師幫各組編號，各組選定要當謎底的縣市，並共同設計謎題，完成後將迷猜寫在A3紙上。 2 各組派出代表抽籤，被抽中的組別出示A3紙上的謎猜念出題目。 3 抽題的組別需依題目回答出答案，答題時要加上口訣「阮兜蹛佇○○」。 4 答對組別，得到一枚〔叫我第一名〕獎章。	25分鐘	台灣地圖、籤筒、謎底、6張A3紙、6支油性筆、獎章	實作、口頭回答
三、打地鼠 1 結合行動學習載具，設計台灣縣市打地鼠遊戲。 2 每組輪流玩遊戲闖關，完成組別得到一枚〔叫我第一名〕獎章。 ----第一節完----	10分鐘	投影機、布幕、iPad	實作

一、相見歡 學生和長輩互相寒暄問好，認識學伴。	5分鐘		
二、比大細 1 教師準備一副撲克牌，每組學生選一個縣市做為籌碼。 2 全班分成兩組，每次各派一位代表帶著籌碼上台比大小。 3 大小比法：教師抽出一張撲克牌，若比7大，表示「北大於南」（指位於的縣市大於南部縣市）；若比7小，表示「南大於北」。兩位學生出示籌碼，由全班學生當裁判，判決誰獲勝。 4 獲勝組別，得到一枚〔叫我第一名〕獎章。	15分鐘	台灣地圖 自製撲克牌、台灣縣市指示牌、獎章	實作
三、記憶大挑戰 1 投影機顯示6張地名牌子。 2 遊戲開始會依序亮燈，挑戰組別依照順序記憶。 3 30秒後，所以燈熄滅，程式重新洗牌。	15分鐘	投影機、布幕、iPad	實作

④ 挑戰組別剛剛顯示的牌依序答出。		
⑤ 獲勝組別，得到一枚〔叫我第一名〕獎章。		
四、做伙來拼圖	5分鐘	實作
① 結合行動學習載具，設計台灣縣市拼圖遊戲。		
② 每組發一台 iPad 地圖拼圖闖關，完成組別得到一枚〔叫我第一名〕獎章。		
----第二節完----		

授課老師：李玉霜、邱世杰、鄭鈿樺

李玉霜

邱世杰

Part 3

「老少一同笑開懷」
－－年級課程

「老少一同笑開懷」
──一年級課程

老少共製補夢網

　　年紀最小的一年級學生來陪伴大同福樂學堂的阿公、阿嬤們
上課，有唱唱跳跳的〈我愛我家〉；也有動手發揮美術創意的
「捕夢網」，活潑調皮的小朋友讓阿公、阿嬤們精神奕奕，頻頻
問幾歲啦？「7歲！阿公我不是才剛剛跟你說嗎？」雖然一直重

複問，小朋友也用童稚的聲音一再回答，但一點也沒有不耐煩，相當逗趣。

小小朋友來上課讓阿公、阿嬤相當興奮，〈我愛我家〉唱跳課由張沛淇老師上課，本來上課前的共備課程會議中，福樂學堂的照服員們擔心這首歌較新穎，阿公、阿嬤們不熟悉，需要先將歌詞帶回來學堂，讓阿公、阿嬤們先練習後再一起上課比較容易進入狀況，但張沛淇認為歌詞和旋律都相當簡單，再加上敲木魚、手搖鈴伴奏帶動應該不會太難，也能讓阿公、阿嬤可以體會現場學習樂趣。但福樂學堂工作人員還是認為先學習效果較佳，故利用早晨讀報時間，放音樂讓長輩練習。果真開始上課後，在老師和小朋友的帶動下，阿公、阿嬤們一起唱唱跳跳完全不違和。

這是一年級和阿公、阿嬤們的第一堂課，在相見歡時合唱〈哈囉歌〉，阿公、阿嬤們對小朋友展現相當興趣和疼愛，互相自我介紹時還會拉拉手、擁抱，藥劑師退休的翁一峰自我介紹後，還要小學伴阿勝張開嘴巴、摸摸扁桃腺，隨後就診斷說「今天很健康，一切正常喔！」讓兩旁的小朋友直說阿公好厲害！

〈我愛我家〉歌詞只有 6 句：「有個地方真可愛，老老少少故事多，大手牽小手，相親又相愛，有你相伴不害怕，我愛我的家」，朗朗上口簡單易懂，張沛淇先是帶著大家反覆誦唸歌詞多次後，再搭配旋律教唱，因為表現良好的會貼上小桃子貼紙，讓

小朋友、阿公或阿嬤學伴一心一意想要拿到最多的小桃子貼紙，積極地跟著唸唱，看到學伴閉眼或不動嘴，還會拍拍學伴示意趕快動嘴，當獲得小桃子貼紙時更是拍手叫好，彷彿拿到冠軍般高興。

　　在阿公、阿嬤們學唱後，張沛淇發放木魚和手搖鈴，拿到伴奏樂器的老小都很興奮，看到維娣阿嬤木魚拿錯邊，小妍趕快拉著阿嬤的手輕聲説，拿錯了喔！應該要拿有棍子的地方；當張沛淇説，唱到「真可愛」要敲 3 下木魚；唱到「不害怕」要搖手搖鈴，而且手搖鈴還要在胸前邊搖邊畫圈時，幾乎所有的小朋友都馬上跟學伴阿公或阿嬤解釋，看到秀錦阿嬤非常精確的將手搖鈴在胸前畫圈圈時，阿哲馬上稱讚阿嬤好棒，讓秀錦阿嬤不好意思説：「嘸啦！這個很簡單啦！」

　　不論是拿到木魚，還是手搖鈴，都讓老少很興奮，忍不住就要敲敲搖搖的，聲音此起彼落讓張沛淇是講課講得有點辛苦，但當張沛淇説，大家一起來唱一遍時，聲音幾乎都停下來，在音樂響起後，小朋友帶著阿公阿嬤們唱和，唱到「真可愛」時，只見小朋友要敲自

己的木魚，還要看學伴的木魚是不是也精
準的敲 3 下，有點手忙腳亂，卻也是
笑開懷，唱到「不害怕」要搖手
搖鈴，拿木魚的阿公、阿嬤也跟
著敲時，學伴趕快拉著他們的
手，直說現在不能敲，緊張的
模樣就怕學伴犯錯，非常認
真。

　　為了讓阿公、阿嬤們熟悉旋
律，張沛淇反覆練習多次，並在練
習中，不斷地給積極參與的阿公、阿嬤
們貼上小桃子貼紙，很努力要跟上節拍的丸子
阿嬤一直要老師多貼幾張，因為大家都好認真，張沛淇也回應
丸子阿嬤不斷地給貼紙，讓丸子阿嬤直說好。過程中梅花阿嬤
的貼紙不小心掉了，小學伴馬上彎腰撿起來，梅花阿嬤擔心學
伴不知道貼紙是她的，緊張的一直喊「那是我的我的」，貼心
的小學伴馬上幫她貼上，安慰說「貼好了、貼牢了。」

　　練唱多次後，張沛淇徵求自願上前表演的老少，小朋友舉
手踴躍，阿公、阿嬤們就只靜靜的待著，一旁協助課程的照服
員趕快半推半拉著點名阿公、阿嬤們上台，剛剛反應最大聲的
丸子阿嬤一聽到要上台，馬上就說不要不要；愛唱歌的秀鑾阿

嬤一拉就往前走，相當高興，一上台還要旁邊的小朋友站好；始終一號表情的金春阿公半推半就上台，卻也在小朋友的帶動下跟著表演，一堂 40 分鐘的課，在歡樂的唱跳中，很快就下課了。

　　隔天，一年級小朋友又來陪阿公、阿嬤們上課，也許是前一天就上過課，老少之間沒有昨天的生疏，小朋友看到學伴阿公、阿嬤還主動上前跟他們打招呼，老人家也許已經忘記了昨天的上課經驗，但看到天真可愛的小朋友仍然是開心的打招呼，也親切地摸摸小朋友的頭，問今天好不好啊，互動自然溫馨。

　　不同於第一堂課的唱唱跳跳，第二堂課是由黃麗蘭老師教授

上台表演〈我愛我家〉

一峰阿公與小學伴仔細
地將光碟片黏好

的美勞課「捕夢網」，黃麗蘭的捕夢網是用兩片回收光碟做成，在發下光碟、各種顏色的圓形、星形貼紙、串珠等之後，黃麗蘭先解釋捕夢網的由來，是來自於美國印第安人的傳說，掛上捕夢網可以捕捉好夢、擋掉壞夢，希望大家每天都能夠有好夢，黃麗蘭祝福的話語讓阿公、阿嬤們好高興，對於製作捕夢網也躍躍欲試了。

光碟老少各一片，各式貼紙則是用來裝飾光碟片，黃麗蘭要大家發揮創意來裝飾光碟，在多數阿公、阿嬤還不知道該如何動手時，貼心的小朋友早就拿著貼紙告訴學伴該怎麼貼，看著馮招阿嬤不知該如何做，小妍默默地拿著貼紙示範給阿嬤看；小蔣則是拿著剪刀把圓形貼紙對半剪，把剪好的貼紙拿給興琴阿公，跟興琴阿公說，阿公，你把剪對半的貼紙貼到光碟上，興琴阿公聽到後，馬上接過貼紙貼上光碟，老少配合度相當好；一峰阿公一開始就跟學伴阿

丸子阿嬤說，拿這個會做好夢喔

馮招阿嬤與學伴一起貼貼紙

勝討論該怎麼做，給了阿勝相當多意見，讓阿勝相當佩服，頻頻問一峰阿公意見，讓一峰阿公直說阿勝好聰明；小荷則是一直稱讚我的阿嬤做得好漂亮。

老少一起完成裝飾光碟片後，黃麗蘭再發下雙面膠，將老少共同製作的光碟片黏在一起，合併之前先在已貼上雙面膠的那一片光碟片上黏上由軟鋁絲做成的羽毛串珠，做好後再將另一片光碟片拼黏上去，由於要對準黏貼，老少學伴們都相當仔細，做好後的成品小朋友都大方的直接送給學伴，並送上有個好夢的祝福。

看著手中完成的捕夢網，阿公、阿嬤都相當高興，訓化阿公靜靜等待學伴把光碟片黏好，拿到成品後，像是擔心光碟片會脫離似的，再仔細按壓光碟片；金春阿公也是拿著捕夢網摸著串珠；丸子阿嬤則是一直稱讚做得好漂亮，還說「拿這個會做好夢喔？真好！」

Part 4

「水中世界樂無窮」
－三年級課程

「水中世界樂無窮」
－三年級課程

　　「魚兒魚兒水中游，游來游去樂悠悠……」，三年級小朋友在陳世鈴老師的帶領下和大同福樂學堂的阿公、阿嬤們一起學習海洋生物、畫魚、唱魚歌、縫魚香包，老少快樂悠游在共同學習課程中。

　　三年級小朋友和阿公、阿嬤們一開始相見歡就很熱情，秀鑾阿嬤的學伴阿俊在介紹時說出自己的名字後，秀鑾阿嬤開心的說，好巧啊！我們都姓周，阿俊看一眼阿嬤名牌也笑笑說好巧；丸子阿嬤身邊來了個漂亮女生學伴小君，在自我介紹後，丸子阿嬤馬上變成輔導老師上身，告訴小君在學校要尊敬老師、與同學交好、認真念書，而且要小心男生，有男生邀約要拒絕，男生近身要牽牽手、摸摸手都要避開等等叮嚀好多，小君就一直點頭說好，讓丸子阿嬤直誇好乖。

　　為了讓老少認識海中生物，陳世鈴一開始配合電腦大紙卡教導認識各類

認識海中生物

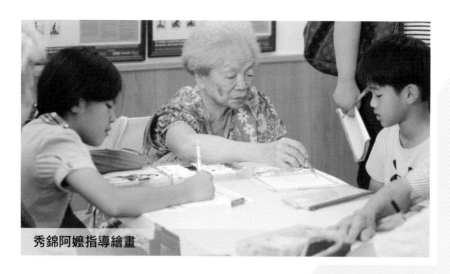

秀錦阿嬤指導繪畫

訓化阿公與學伴共同創作

春枝阿嬤與學伴共同穿線

海洋生物，有鯨魚、海豚、章魚等等，老少幾乎都認得，在出現海星照片時，陳世鈴還沒講出答案前，阿偉直接喊「派大星」，笑翻全場。

介紹完海中生物後，陳世鈴發下畫紙，老少兩兩一組畫出海中生物，畫好的海中生物馬上掃瞄放進電腦秀在大螢幕上的水族箱裡，老少就可以看到自己畫的魚悠游在水中，所以拿到畫紙後，老少共同討論相當熱烈。

一峰阿公、秀錦阿嬤都先與小朋友討論要畫什麼，並要小朋友大膽放手畫畫，過程中只見兩人拿著筆或是橡皮擦在一旁，這裡畫上一筆、那裡塗個顏色、畫錯了趕快幫忙擦掉，老少合作無間；以往工作時是負責宣傳業務的耀漢阿公則是筆一拿到手，馬上在畫紙上勾勒出魚形，讓小真在一旁佩服不已，耀漢阿公畫好後，直接告訴小軒要畫上魚鱗，非常有架勢；梅花阿嬤則用讚嘆的眼神看著小婷畫畫，並不時給意見，這裡要畫水草、魚要塗顏色，參與度相當高。

船長退休的訓化阿公在這堂課更是如魚得水，在拿到畫紙後，也是主動提起筆來畫，一筆一筆描摹魚鱗相當仔細；金春阿公則在小學伴和照服員教授下一筆一筆慢慢畫，原本面無表情的臉上也逐漸出現了笑意。

各式各樣的魚、海星、章魚等在老少

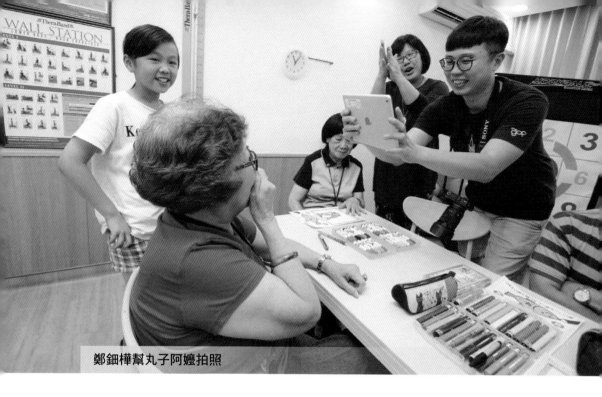

鄭鈿樺幫丸子阿嬤拍照

共同合作下很快就完成，完成後的作品小朋友馬上拿到前面讓陳
世鈴及鄭鈿樺掃瞄進電腦再放映至大螢幕上，看到自己畫的魚兒
在螢幕中的水族箱裡游來游去，小朋友馬上跑回座位告訴阿公、
阿嬤，看我們的魚在上面游，也許是第一次看到這樣的畫面，阿
公、阿嬤們幾乎都是定睛猛看，一峰阿公直說，現代科技好神
奇。

　　在老少的畫作幾乎都已經掃瞄放進電腦螢幕的水族箱後，陳
世鈴宣布要讓阿公、阿嬤也當美人魚在水族箱裡悠游，這引起小
朋友好大的興趣，拿著老師的平板電腦，對著馮招阿嬤拍照，馮
招阿嬤也笑笑的對著鏡頭讓小朋友拍，完成拍照後再套上程式，
有著馮招阿嬤頭像的美人魚就跳進螢幕水族箱裡，接著金春阿公
的美人魚也加入，神奇的電腦程式讓老少笑開懷。

　　眼見離下課時間越來越近，陳世鈴詢問老少有沒有人要再上

來水族箱前唱歌？小朋友反應相當熱烈，阿公、阿嬤們則是半推半就上場，但一上台，〈魚兒水中游〉的音樂響起後，看著身邊的小朋友比著手勢唱跳，梅花阿嬤、耀漢阿公、金春阿公也跟著一起比，快樂唱跳聲中下課了。

　　隔天，三年級小朋友又來找阿公、阿嬤一起上課，延續昨天的海洋世界主題，並結合即將到來的端午節，陳世鈴帶來海洋生物香包讓老少一起縫製完成。為了安全，香包的縫針是塑膠針，老少拿針縫製都不需擔心會有危險，體諒阿公、阿嬤們的視力可能比較不好，小朋友幾乎都一手包起將粗毛線插入針洞的任務。不過，應該都從沒做過這類針線活事情，對小朋友來說這任務很是艱鉅，阿公、阿嬤在一旁也看著著急，頻頻叮嚀毛線要搓細一點、這樣穿不過去、不然用口水沾一下好了等等。

　　兩兩成組的老少為了穿線聲音此起彼落，唯獨秀錦阿嬤拿起針線咻咻咻一下子就穿好線，問了學伴小軒要怎麼縫後，也是三兩下完成就進入填充棉花和香料階段，看得小軒一楞一楞的，一旁的照服員為小軒解惑說，秀錦阿嬤是很厲害的裁縫師，小軒恍然大悟直說難怪，阿嬤真的好厲害。聽著小軒和照服員的稱

秀錦阿嬤教學伴縫紉

金春阿公與學伴共同縫製香包

讚，秀錦阿嬤動作更快，還一直問，這個香包是要掛的嗎？小軒馬上回答是要當項鍊掛著的，於是秀錦阿嬤量了量線，接著馬上縫合收線，完成一個香包不到 5 分鐘，完成後馬上再問，還有嗎？讓小軒不由得為秀錦阿嬤拍拍手。

　　靜態的縫製香包讓老少互動相當熱絡，小婷在示範將針穿過兩片香包布後，就把針拿給金春阿公，告訴阿公，我拿著香包，阿公你把兩個洞縫起來，看似無意的金春阿公在小婷的帶領下真的一針一針縫合香包；阿戊則是自己一個人跟針線奮鬥，一旁的訓化阿公靜靜地看著他，好不容易把線穿過、打好結，阿戊告訴訓化阿公，等我縫好後，阿公你再來塞棉花和香料，雖然手並不巧，但阿戊相當認真縫紉香包，完成後，拿著棉花給訓化阿公，讓阿公將棉花一點一點塞進阿戊手中的香包，最後再塞進香料，阿戊再一針針縫合，完成香包後，馬上拿給阿公說：「阿公，送

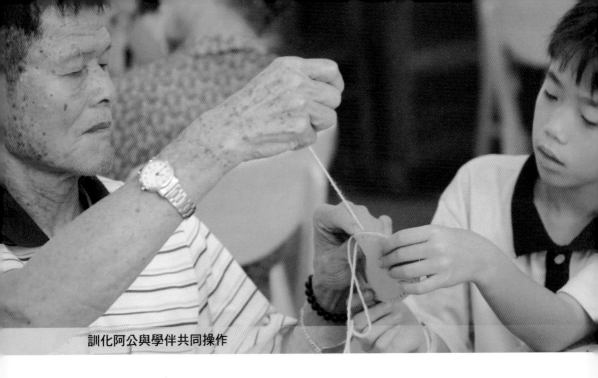

訓化阿公與學伴共同操作

給你」，訓化阿公拿著香包不斷地摸著，非常喜歡，並跟阿戍說謝謝。

小朋友在香包完成後，沒等陳世鈴交待，紛紛主動送給阿公、阿嬤，小婷完成後馬上轉送金春阿公，還貼心的跟阿公說：「阿公，香包給你掛著避邪，希望它能帶給你平安喔！」詹阿嬤拿到香包不好意思的說，給你啦！在學伴阿漢的堅持下，拿著香包說謝謝！

幾乎是獨立完成香包的秀錦阿嬤把香包送給小軒，小軒有些不好意思要阿嬤留著就好，但秀錦阿嬤跟她說，這個很簡單，我很會做，送給妳拿回家。小軒在照服員的鼓勵下才拿下香包，高興地跟秀錦阿嬤說謝謝。

看著小朋友們貼心的表現，陳世鈴既高興又欣慰，在下課鐘聲響起後，告訴小朋友拿著香包和阿公、阿嬤拍照，所有老老少少都一起舉起香包開心的看著鏡頭，留下老少共學快樂的回憶。

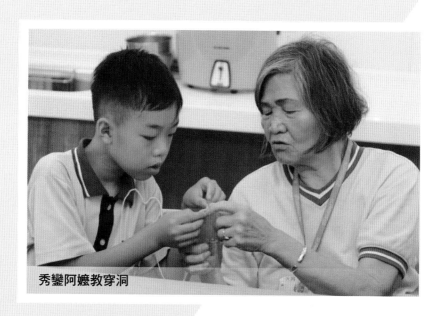

秀鑾阿嬤教穿洞

一峰阿公與學伴縫製香包

Part 5

「美麗的海翁」
－五年級課程

「美麗的海翁」－五年級課程

台語課程反應熱烈

　　「我反對！老師妳都叫前面的人回答！」大同國小老師李玉霜帶著五年級小朋友到大同福樂學堂跟阿公、阿嬤們上課，結果上不到 10 分鐘就被許阿公舉手抗議，因為李玉霜以「認識台灣」為主題，要老少回答地名，若答對了就發給小小獎章，老少學伴競爭相當激烈，坐在最後面的許阿公舉手超快，卻怎麼也沒被叫到，難過得起身抗議。李玉霜面臨這突如其來的「危機」，

金春阿公認真思考特色、特產

興琴阿公與學伴討論

林文阿公唸出當地特色

學伴牽著秀蘭阿嬤的手搶答

馬上要許阿公回答，並熱情的貼上獎章，讓許阿公才坐下繼續聽課，李玉霜沒有被許阿公嚇到，反而覺得好感動，因為阿公、阿嬤們跟她的學生一樣都好認真上課。

李玉霜的台語課以「阮兜蹛佗位」（我們住在哪裡）為主題，結合資優班老師鄭鈿樺的行動教學，課程中介紹台灣各縣市特色、特產等等，並以搶答、打地鼠方式來增加上課的樂趣，為了讓阿公、阿嬤們清楚知道學伴的名字，貼心的讓學生跟所有阿公、阿嬤一樣在胸前貼上名牌，並寫上自己的名字或是綽號，在相見歡中自我介紹就拿著名牌給阿公、阿嬤看。不過有個小女生的名牌是「痴呆」，讓她的學伴興琴阿公嚇一跳，一直問妳的名字叫痴呆嗎？原來這是小女生的綽號，在安親班因為有時候會放空，同學們開玩笑叫她「痴呆」，解釋之後，興琴阿公說，不好，名字改掉，不好聽，要改「聰明」，「痴呆」小女生也點頭說，

好！

　　第一堂課的台灣風光讓阿公、阿嬤們很有感情，搶答後給予獎章且在貼上時還會大家一起喊「叫我第一名」，因此大家參與相當熱絡，李玉霜先讓各組抽地名牌，抽到的地名牌要寫出該地的特色、特產讓大家猜猜是哪裡，拿到地名後，各組討論七嘴八舌，拿到「台東」的一峰阿公就寫上釋迦、金春阿公在旁邊補上金針花；拿到「台北」的梅花阿嬤馬上說 101；拿到「屏東」的詹阿嬤傷腦筋直說，我是台北人，屏東不了解啊！李玉霜見狀馬上請小學伴提供詹阿嬤的屏東特色，並安慰說，沒關係，這是遊戲，等一下妳就會知道很多。

　　各組完成特色、特產的描寫後，馬上進入比賽搶答，由各組各派一名阿公或阿嬤唸出特色、特產，再由其他組別搶答，第一位上場的是秋蘭阿嬤，依序唸出，高雄港、六合夜市、柴山、中央公園、夢時代，還沒唸完，梅花阿嬤馬上舉手，「高雄」，拔得頭籌，獲得獎章一枚；接著詹阿嬤唸出，菱角、鵝鑾鼻、燈塔、墾丁，金春阿公的小學伴馬上拉著他的手舉起，阿公緩緩說：「屏東」，獲得獎章一枚，在「叫我第一名」聲浪中，金春阿公也難得露出笑容；原本應該唸出特色、特產的許阿公，卻一站起來就先公布答案「新竹」，笑翻所有人，李玉霜要許阿公不要緊張，許阿公在小學伴的帶領下，唸出肉圓、米粉，才唸兩項，詹阿嬤舉手要答，興琴阿公手還沒舉先講答案「新竹」，讓

詹阿嬤有點失落，李玉霜見狀兩個都是「叫我第一名」，全部貼上獎章，皆大歡喜。

因為搶答太熱絡，李玉霜更改策略，要喊到 3 或喊到 5、10 等才可以回答，一峰阿公出題，釋迦、初鹿農場、熱汽球嘉年華、三仙台、金針花，這時候大家紛紛舉手要搶答，也有直接說答案的，但李玉霜堅持喊到 3 才可以回答，結果林文阿公搶答「台東」；換林文阿公出題，木柵動物園、101、圓山飯店、捷運、松山機場，李玉霜說，這次要喊到 5，但激動的阿公、阿嬤們根本聽不進去，喊到 3 就舉手回答，都被打了回票，李玉霜堅持喊到 5，忍下來聽進去的一峰阿公搶到回答權，喊出「台北」，獲得熱烈掌聲。

結束了熱烈的搶答後，開始進行打地鼠的遊戲，鄭鈿樺操作電腦，在大螢幕上出現 6 個地名，並要牢記 6 個地名分別排列在那裡，給了近 30 秒的記憶時間，接著電腦螢幕會全暗後再出現一個地名，要趕快找出此地名的正確位置用力按下去，燈亮後才算成功，重複講解及操作後，玉霜老師先讓小朋友示範，接著開放給阿公、阿嬤們挑戰，阿公、阿嬤們個個躍躍欲試，春枝阿嬤最先舉手上場，只見她神情緊張的看著螢幕，食指還高高舉著備戰，但一不小心按錯了，李玉霜馬上安慰她沒關係再來一次，在大家的齊力幫忙下，成功按下答案「台中」；興琴阿公第二個挑戰，一到電腦前眼睛直直的盯著螢幕，在題目出現後，馬上快手

按下「屏東」，讓學伴阿俊高興的直説阿公好厲害。

　　遊戲太好玩，許阿公、秀錦阿嬤都爭相想要上前玩打地鼠，但無奈下課鐘聲響起，熱熱鬧鬧的課程讓時間過得很快，聽到鐘聲響起連小朋友都説，怎麼這麼快就下課了！

　　延續第一堂搶答台灣地名的課程，五年級老少共學第二堂仍然是以台灣為主，再次來到福樂學堂上課，老少都顯得熱絡，不論是酸酸（玉霜）老師，還是電話（鈕樺）老師都受到阿公、阿嬤們熱烈的歡迎。為了喚起老少的記憶，課程一開始是搶答地名，李玉霜首先拿著有地名的紙牌要大家爭相搶答，只見紙牌一出，老少舉手超快，不少阿公、阿嬤還舉手馬上喊出答案，李玉霜眼之所及就近點在面前的阿公或阿嬤，就在激烈進行中時，突然許阿公大聲抗議只有前排的人被點到，幸而在李玉霜圓融的安排下，讓許阿公有機會作答並贈予獎章後解決，延續先前熱烈的進行氣氛。

　　搶答結束後，李玉霜拿出一幅大型的台灣地圖，不小心拿反，老少急著齊喊拿反了啦！李玉霜笑説，大家都好認真上課啊！她將老少分成 A、B 兩組，並讓兩組抽地名，拿出撲克牌，1 到 6 是台中以南、7 到 8 是台中以北，兩組在拿到地名後，再各自派人拿著地名並抽撲克牌，看抽到最多與撲克牌數字相符地名的就算贏家，規則很簡單，完全靠運氣，但在抽完地名後，因為李玉霜沒有重新洗牌，使得有一組都拿到南部，另一組都拿到

北部，這讓小朋友和照服員很緊張，紛紛表達異議，李玉霜安撫說，沒關係！只要撲克牌有洗牌就可以，於是靠運氣得勝的比賽開始。

首先由一峰阿公代表 A 組拿「台南」，秀蘭阿嬤代表 B 組拿「台北」，結果抽出 6，A 組「台南」獲勝；接著 A 組派出興琴阿公拿「雲林」，B 組許阿公拿「桃園」，抽出 1，A 組贏；接下來不論派出誰來，無論怎麼洗牌、怎麼抽都是抽到 6 以下，A 組大獲全勝，獲勝的歡呼聲可說是震天響，老少都高興得不得了。

在歡呼聲中，李玉霜馬上進行記憶遊戲，與打地鼠遊戲有異曲同工之妙，螢幕上列出 8 個地名，亮燈的地名要記牢，因為接下來地名排列會重組或出現新的地名，再次進入新的畫面後，按下上個亮燈的城市就會出現煙火，表示答對了，詹阿嬤最先上場，也是一隻手指準備著，亮燈「高雄」一下子就按成

功了；接著上前的阿公、阿嬤們也都在大家幫忙下完成記憶遊戲。

　　阿公、阿嬤們對記憶遊戲很有興趣，但因為李玉霜準備了相當多的題材上課，為了讓老少能夠更多元的學習了解台灣，只好趕快結束記憶遊戲，進入拼圖考驗，李玉霜拿出台灣大拼圖，發給各組拆下拼圖再重拼，只見小朋友個個都很有耐心的尋找，並在找到拼圖後，拿給學伴阿公或阿嬤拼上去，喵喵一直在跟范阿嬤旁邊解釋拼圖，並將拼圖拿到范阿嬤的手上，再牽著阿嬤的手將拼圖放到正確的位置上；一峰阿公則是不用小朋友教，自己快手快腳的拿著拼圖就放上正確位置，讓同組的小學伴們佩服不已。

　　拼圖讓老少都相當投入，下課鐘聲響起各組都還有或多或少未完成，但大家都像是沒聽到鐘聲一樣，全神貫注要把地圖完成，李玉霜一直催促下課了、拼圖回收，老少還一直說還沒有、還沒有，大家意猶未盡，李玉霜要小朋友跟學伴阿

公、阿嬤說再見，有小朋友很感性的跟阿公說，阿公我要回學校
上課了，我們六年級還會來這裡上課，到時候我再來看您，深情
道別讓人聽了很感動。

認識台灣地圖

春枝阿嬤參與打地鼠遊戲

維娣阿嬤也快速按下答案

Part 6

陪伴與倍力
一 小學伴的體驗

陪伴與倍力－小學伴的體驗

　　全台灣僅有的老少共學課程讓大同國小小朋友覺得很光榮，也很幸運，三年級的廷廷就一直說，我們真的好幸運，因為福樂學堂在學校裡，才能有其他學校沒有的老少共學課程，希望以後能再跟阿公、阿嬤們上課，最好是上電腦、動畫的課；一峰阿公則說，跟小朋友上課彷彿回到小時候，感覺很快樂。

　　大同福樂學堂和大同國小的老少共學課程，授課老師針對各年級不同年齡學生特性設計出一年級音樂和美勞的「老少一同笑開懷」、三年級結合電腦科的「水中世界樂無窮」、五年級結合電腦和遊戲的「美麗的海翁」，有別於課堂上嚴肅氣氛的課程，讓老少都相當開心。

　　跟阿公、阿嬤一起上課，讓參與課程的各年級小朋友都異口同聲的說，很有趣，以後還要跟阿公、阿嬤一起上課；年紀最小的一年級學生阿豪就跟阿嬤學伴很聊得來，阿嬤看到他就笑咪咪的問他幾歲？幾年級？叫什麼名字？阿豪覺得好親切，不過，讓他有點小傷心的是，第二堂課的學伴阿嬤去年活動時跟他編排在同一組，他還記得阿嬤，可是阿嬤忘記他了，一直重複問他的名字、年紀等等，但回頭一想，阿嬤是失智症者，不是故意忘記

的，所以他還是重新介紹自己，告訴阿嬤不要再忘記了。

　　也是一年級的阿哲覺得老少共學很有趣，阿公、阿嬤的動作一點也不慢，他的學伴阿嬤在做捕夢網時，很溫柔的指導他要怎麼把貼紙貼好，讓他覺得好溫暖，就好像是自己的阿嬤一樣。

　　三年級的廷廷感想非常多，上課後才發現，阿公、阿嬤的跳舞姿勢比他還好，上課比他還開心，一起上課的阿公、阿嬤們都是罹患失智症，卻還能這麼開心的上課，還能這麼健康的生活，讓他好佩服。現在很多跟他們一樣年紀的小孩都沒有太多時間可以跟老人相處，也有很多老人家因為兒女都不在身邊而獨居，所以像他們還能跟福樂學堂的阿公、阿嬤們一起快樂上課，對阿公、阿嬤們或是大同國小的小朋友，都是一件很幸運的事。

　　聽廷廷講出這麼多感想，同班的小真頻頻點頭，有趣的上課氣氛讓她很喜歡，阿公、阿嬤們的意見很多，像她的學伴阿嬤在縫香包時，就一直急著想要塞進棉花，她跟阿嬤解釋要縫到快要收線時才可以再塞棉花，阿嬤聽進去了，也一直很想幫忙，塞棉花時一直想塞很多很多進香包裡，結果棉花爆出來，很好玩，小真也稱讚阿嬤縫香包的巧手，認為阿嬤們的傳統手藝都好厲害，值得學習。

　　五年級的文文覺得阿公、阿嬤們教她很多，也讓她更有耐心，因為他們都是罹患失智症的老人家，動作、反應都慢慢的，她就慢慢地解釋、慢慢地教他們，阿公、阿嬤們的回應也都很

好，原本她是一個怕生的人，但看到失智的阿公、阿嬤們，她決定要試著開放自我，在見到學伴阿嬤時就主動自我介紹、主動跟她接觸，結果阿嬤都沒有專心上課，一直跟她聊天，叫她先不要聊天都講不聽，很好笑；不過，兩節課她都是跟著同一位阿嬤學伴，第一節下課說再見時，她跟阿嬤說，過幾天再來上課要記得我是誰喔！結果，再次上課，學伴阿嬤只說這個小女孩好面熟，可是叫不出名字了，文文有點難過，不過也覺得沒辦法，阿嬤是因為生病，不是故意忘記，她希望阿嬤看到她開心就好了。

5 人回憶起老少共學的課程都齊聲說很有趣，也期待趕快再一起上課，如果能夠每星期都上課更好，電腦世代的他們異口同聲希望能夠跟阿公、阿嬤一起上電動玩具的課，介紹現在很多的電腦遊戲和程式讓阿公、阿嬤認識，如果能再一起玩就更好了，阿豪就說，阿公、阿嬤一定也會喜歡電動玩具的。

而阿哲則加碼，希望能夠跟阿公、阿嬤一起上美勞，像是摺紙這類的傳統手工藝，因為阿公、阿嬤們一定很厲害。

隔了一週，福樂學堂的長輩們印象中已經沒有跟小朋友一起上課的記憶了，然而在上課的當下，他們是相當高興、快樂的，課堂上最為活躍的一峰阿公就好像回到小時候上課一般，很好玩、很懷念，覺得小朋友們都好棒。詹阿嬤則是一直說很好玩，一旁的興琴阿公也是一直說「金促咪」，小孩子好可愛；原本脾氣比較急促的許阿公，在聽到一整週小朋友都會來陪著一起上

時，笑笑的回說，那很好，小朋友陪同上課，讓失智的阿公、阿嬤們激起了原本就疼愛孫子的心情，用最疼惜、最欣賞的態度跟小朋友一起上課，時光彷彿倒轉了！

一年級老少共學情意回饋表

高雄市新興區大同國民小學
106 學年年度老幼共學學生情意回饋單

課程名稱：美勞唱遊	班級：一年二班
課程日期/時間：107年5月19日　上午	

親愛的同學們：

我們已完成本學期老幼共學課程，在這次課程中有沒有收穫或是不同感受呢？請把建議和心得，回饋給我們，做為下次課程的參考吧。

※ 請依評分標準，針對以下各項目確實檢核。（5分：非常同意，4分：同意，3分：尚可，2分：不同意，1分：非常不同意）

1.課程內容豐富充實	☑5分	□4分	□3分	□2分	□1分
2.透過課程教學，我知道如何與長輩	☑5分	□4分	□3分	□2分	□1分
3.透過課程教學，讓我更認識長輩並	☑5分	□4分	□3分	□2分	□1分

※ 你對這次課程活動和長輩共學，你看到了什麼？

　　老爺爺老奶奶好快樂。

※ 你對這次課程活動和長輩共學，你有什麼感覺？

　　很興奮。

※ 你對這次課程活動和長輩共學，你發現什麼？

　　爺爺奶奶再讚我

※ 今後在面對長輩時，應給予怎樣的幫助和體諒？

　　幫忙

一年級老少共學情意回饋表

高雄市新興區大同國民小學
106 學年年度老幼共學學生情意回饋單

課程名稱：美勞唱遊	班級： 一年 二 班
課程日期/時間：107年 5 月17日	上午

親愛的同學們：

　　我們已完成本學期老幼共學課程，　在這次課程中有沒有收穫或是不同感受呢？　請把建議和心得，　回饋給我們，　做為下次課程的參考。

※ 請依評分標準，針對以下各項目確實檢核。（5分：非常同意，4分：同意，3分：尚可，2分：不同意，1分：非常不同意）

1.課程內容豐富充實	☑ 5分	☐ 4分	☐ 3分	☐ 2分	☐ 1分
2.透過課程教學，我知道如何與長輩	☑ 5分	☐ 4分	☐ 3分	☐ 2分	☐ 1分
3.透過課程教學，讓我更認識長輩並	☑ 5分	☐ 4分	☐ 3分	☐ 2分	☐ 1分

※ 你對這次課程活動和長輩共學，　你看到什麼？

看到世世奶奶玩色。

※ 你對這次課程活動和長輩共學，　你有什麼感覺？

開心。

※ 你對這次課程活動和長輩共學，　你發現什麼？

奶奶哥哥

※ 今後在面對長輩時，　應給予怎樣的幫助和體諒？

先幫他。

三年級老少共學情意回饋表

高雄市新興區大同國民小學
106學年年度老幼共學學生情意回饋單

課程名稱：水中世界樂無窮	班級：3年一班 4號
課程日期/時間：106年5月17日	上午 10:25－11:05

親愛的同學們：

　　我們已完成本學期老幼共學課程，在這次課程中有沒有收穫或是不同感受
呢？請把建議和心得，回饋給我們，做為下次課程的參考。

※請依評分標準，針對以下各項目確實檢核。（5分：非常同意，4分：同意，3分：
尚可，2分：不同意，1分：非常不同意）

1. 課程內容豐富充實	□5分 ☑4分 □3分 □2分 □1分
2. 透過課程教學，我知道如何與長輩互動	☑5分 □4分 □3分 □2分 □1分
3. 透過課程教學，讓我更認識長輩並能主動關懷長輩	☑5分 □4分 □3分 □2分 □1分

※你對這次課程活動和長輩共學，你看到什麼？

有些長輩看不清楚，行動不方便。

※你對這次課程活動和長輩共學，你有什麼感覺？

跟長輩互動，要走的時候捨不得。

※你對這次課程活動和長輩共學，你發現什麼？

跟長輩互動非常快樂，會想要再做一

※今後在面對長輩時，應給予怎樣的幫助和體諒？

幫長輩過馬路，讓長輩扶著走路。

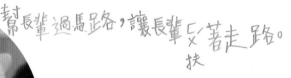

三年級老少共學情意回饋表

高雄市新興區大同國民小學
106學年年度老幼共學學生情意回饋單

課程名稱: 水中世界樂無窮	班級:三年一班	1號
課程日期/時間:109年5月17日	上午10:25-11:05分	

親愛的同學們：

　　我們已完成本學期老幼共學課程，在這次課程中有沒有收穫或是不同感受呢？請把建議和心得，回饋給我們，做為下次課程的參考。

※請依評分標準，針對以下各項目確實檢核。(5分:非常同意,4分:同意,3分:尚可,2分:不同意,1分:非常不同意)

1. 課程內容豐富充實	☑5分 □4分 □3分 □2分 □1分
2. 透過課程教學，我知道如何與長輩互動	☑5分 □4分 □3分 □2分 □1分
3. 透過課程教學，讓我更認識長輩並能主動關懷長輩	□5分 ☑4分 □3分 □2分 □1分

※你對這次課程活動和長輩共學，你看到什麼？

　　我看到長輩看到我們的時像很快樂。

※你對這次課程活動和長輩共學，你有什麼感覺？

　　我覺很高興，因為可以一起完成香包。

※你對這次課程活動和長輩共學，你發現什麼？我

　　我發現老人做香包很快。

※今後在面對長輩時，應給予怎樣的幫助和體諒？

　　我覺得因該尊重他們，幫助他們。
　　應尊

三年級老少共學情意回饋表

高雄市新興區大同國民小學
106學年年度老幼共學學生情意回饋單

課程名稱：水中世界樂無窮	班級：三年二班　11

課程日期/時間：107年 5 月 16/17 日　　上午10:25～11:05

親愛的同學們：

　　我們已完成本學期老幼共學課程，在這次課程中有沒有收穫或是不同感受呢？請把建議和心得，回饋給我們，做為下次課程的參考。

※請依評分標準，針對以下各項目確實檢核。(5分:非常同意,4分:同意,3分:尚可,2分:不同意,1分:非常不同意)

1.課程內容豐富充實	☐5分 ☐4分 ☑3分 ☐2分 ☐1分
2.透過課程教學，我知道如何與長輩互動	☐5分 ☐4分 ☑3分 ☐2分 ☐1分
3.透過課程教學，讓我更認識長輩並能主動關懷長輩	☐5分 ☐4分 ☑3分 ☐2分 ☐1分

※你對這次課程活動和長輩共學，你看到什麼？

我看到他們有把他們最好的表現拿出來

※你對這次課程活動和長輩共學，你有什麼感覺？

感覺很好，因為爺爺非常配合。

※你對這次課程活動和長輩共學，你發現什麼？

爺爺英文講的非常好。

※今後在面對長輩時，應給予怎樣的幫助和體諒？

體諒他們有時候很急的吼氣。

五年級老少共學情意回饋表

高雄市新興區大同國民小學
106學年年度老幼共學學生情意回饋單

課程名稱: 本土課-閩南語	班級: 5 年 2 班 13 號
課程日期/時間: 107年 5 月 18 日	上午 9:30

親愛的同學們:

　　我們已完成本學期老幼共學課程,在這次課程中有沒有收穫或是不同感受呢?請把建議和心得,回饋給我們,做為下次課程的參考。

※你對這次課程活動和長輩共學,你看到什麼?

行動有點慢、舉手搶答時反應有點慢、記憶不太好

※你對這次課程活動和長輩共學,你有什麼感覺?

第一堂課,下課時我說了下次要記得我,可是到了第二堂
上課時學伴說:我有點面熟但叫不出名子,我有點傷心　　哭

※你對這次課程活動和長輩共學,你發現什麼?

原本害怕陌生的我,居然可以讓我在這次的課程開放自我
我照顧的學伴也很熱情的跟我聊天　　乁

※今後在面對長輩時,應給予怎樣的幫助和體諒?

在搶答時,沒有搶到時,我都說:您很棒了母

行走時我都扶著學伴走

※此次課程活動中,把你與長輩互動印象最深刻、最感動的畫面畫出來

在拼圖時我不斷的
說同一個顏色的放
在一起學伴很快就
學會了 乁

五年級老少共學情意回饋表

高雄市新興區大同國民小學
106學年年度老幼共學學生情意回饋單

課程名稱：本土課-閩南語	班級：5年2班3號
課程日期/時間：10年5月18日	上午9:30

親愛的同學們：

　　我們已完成本學期老幼共學課程，在這次課程中有沒有收穫或是不同感受呢？請把建議和心得，回饋給我們，做為下次課程的參考。

※你對這次課程活動和長輩共學，你看到什麼？

我看到他們行動不便和動作比較慢。

※你對這次課程活動和長輩共學，你有什麼感覺？

我覺得長輩們雖然動作較慢，但是我們應該要體諒他們。

※你對這次課程活動和長輩共學，你發現什麼？

我發現當長輩們玩遊戲時，他們都很開心，所以我們應該要鼓勵他們。

※今後在面對長輩時，應給予怎樣的幫助和體諒？

與他們聊天，讓他們有機會回答和參與遊戲，並給他們鼓勵。

※此次課程活動中，把你與長輩互動印象最深刻、最感動的畫面畫出來

五年級老少共學情意回饋表

高雄市新興區大同國民小學
106學年年度老幼共學學生情意回饋單

課程名稱：本土課-閩南語	班級：5年2班17號
課程日期/時間：107年5月17日	上午9:30

親愛的同學們：

我們已完成本學期老幼共學課程，在這次課程中有沒有收穫或是不同感受呢？請把建議和心得，回饋給我們，做為下次課程的參考。

※你對這次課程活動和長輩共學，你看到什麼？

長輩動作較遲緩，思考慢。

※你對這次課程活動和長輩共學，你有什麼感覺？

可以和長輩一起做活動，看到長輩開心，自己也很開心。

※你對這次課程活動和長輩共學，你發現什麼？

長輩也和嬰兒一樣較照顧。

※今後在面對長輩時，應給予怎樣的幫助和體諒？

如果長輩行動不便，應立常輔助。

※此次課程活動中，把你與長輩互動印象最深刻、最感動的畫面畫出來

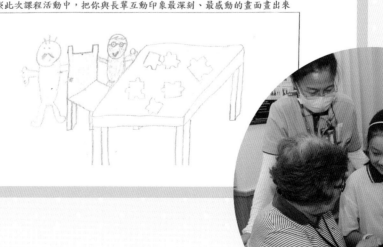

Part 7

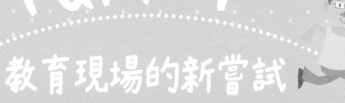

教育現場的新嘗試

教育現場的新嘗試

　　大同福樂學堂與大同國小從一開始的衝突、被迫接受、互相觀察，一直到現在推動「老少共學」，走了將近兩年的時間，對大同國小師生來說老少共學都是有別於以往在學校課程的體驗，也是一種深刻的學習。學務主任李玉霜就說，老少共學讓原本面無表情的長輩看到窗外的小朋友就笑了，那瞬間很窩心、也很感動。

　　老少共學是大同福樂學堂設立在大同國小的一大目標，對平日教授小朋友得心應手的老師們來說，要在備課中加入失智、失能的長輩，壓力可見一斑。一年級老師黃麗蘭坦誠，一開始面對這堂課是很有壓力的，要設計出老少都能夠學習並引起興趣的課程也著實想了很久，而且，要讓小朋友理解如何跟長輩上課，也花了相當時間跟他們行前教育，告訴小朋友，福樂學堂長輩們就像是家裡的阿公、阿嬤，要照顧阿公、阿嬤，也要聽他們的話。

　　黃麗蘭說，孩子們將來出社會工作也都會面對年長者，即早讓他們有機會能夠跟長輩相處，對他們也是有好處。李玉霜贊同黃麗蘭的說法，她也認為，老少共學除了小朋友學習之外，對備課的老師也是一種學習及全新的體驗。

　　大同國小以活動方式進行的老少共學，像是共同製作三明治、一起種菜、一起包水餃等等，每一次要到福樂學堂上課前，李玉霜總會不厭其煩的告訴小朋友，與長輩是共伴、共學夥伴關係，彼此互相合作學習。

　　不過，老少共學對學生是學習，對老師也是一種挑戰，李玉霜周遭沒有罹患失智症的親友，對於失智長輩她是第一次接觸，也經由福樂學堂照服人員得知長輩們的情況，然而真正上課時她仍感到忐忑不安。記得第一次上課因為未曾與福樂學堂工作人員進行共備課程，只能用自己多年來上課的經驗來備課，也許因為老少是首次見面上課，課程進行時，她即便使盡全力，小朋友也努力配合，但有些長輩就是沒有反應、表情冷漠，幾乎完全沒有互動，讓她著實挫折不已。

　　三年級資優班老師鄭鈿樺首次老少共學則是面臨突發狀況，因為對長輩的特性不了解，在共食的課程中，設計讓老少包水餃、煮水餃，長輩們的生活經驗讓他們對於包水餃都相當在行，剛好可以教小朋友，小朋友看到一顆漂亮的水餃從阿公、阿嬤的巧手中做好，也都不吝給予他們拍手稱讚，過程相當平順。但煮完水餃後，也許水餃太吸引人，長輩們在水餃剛煮好，小朋友還沒有將碗筷備好時，手一抓就把燙口的水餃塞進嘴裡，讓他們反應不及，嚇了一大跳，深怕會傷害到長輩；再像是童玩課，也因為不了解長輩的特性，忽略長輩的需求不同，以致於設計的遊戲

教授三年級「水中世界樂無窮」鄭鈿樺

引不起長輩們的共鳴，這都讓他事後檢討了很久。

　　有過幾次老少共學活動的經驗後，再次設計老少共學課程，大同國小老師們與福樂學堂社工、照服員等一起召開課程共備會議，雙方就彼此所需、老少差異討論多時，都讓老師們對老少共學多了一份信心。李玉霜說，沒有共同討論之前，對失智長輩他們都只能憑空想像。但在共備課程會議上，經由社工及照服員的解說，讓他們能進一步的了解失智長輩們的需求及可能會遇到的狀況，在這種相互腦力激盪中得知長輩們的禁忌，讓她面對即將到來的老少共學也比較明瞭長輩們的先備知能、起始行為，對於課程設計也較有著力點。

　　黃麗蘭說，準備老少共學課程的確是一大負擔，畢竟失智長輩跟學生有很大的不同，自己相當熟悉學生們，但對長輩是完全陌生，共備課程會議讓她能進一步了解長輩們的特性，也可以讓她對課程內容及運用的素材進行修正。

　　鄭鈿樺也肯定共備課程會議，認為跟不同專長的老師、社工們討論及聯繫花費的時間相對多，但也很值得。

　　日本是最多老少共學活動的國家，但大多是服務層面，像是幼稚園、國小的學生到日照中心、安養院陪伴長輩，大同國小和福樂學堂的老少共學則是真正導入課程學習，李玉霜說，這是很具挑戰性的嘗試。

　　準備完備的老少共學課程執行後，帶給老師們滿滿的感動和成就感，黃麗蘭的「捕夢網」讓老少互動相當熱絡，因為要動用剪刀、貼紙等，在行前她就跟小朋友說，阿公、阿嬤們視力不是那麼好，所以要主動幫忙，小朋友都聽進去，現場長輩們看著孩子努力的剪貼都不斷稱讚，班上有一個比較過動的孩子，就一直被學伴阿公稱讚，阿公幾乎是以欣賞的視角關注這個孩子，讓孩子相當高興，也很有成就感，在這堂課的表現就相當好，下課時，老少還互相擁抱說再見，非常有趣，也給了她不少的想法。

　　李玉霜則是遇到相當震憾的「我反對」抗議，她的課程是帶著台灣地圖讓老少認識台灣、說出台灣各縣市特產等，並加入了搶答及「叫我第一名」收集獎章的激烈上課氛圍，讓激起競爭心

的許阿公上到一半突然站起來高喊「我反對」，並生氣的說，老師都只叫前面的人起來回答。面對突如其來的抗議，李玉霜並沒有嚇到，趕快請許阿公回答問題，並要小朋友齊喊「叫我第一名」，順勢將獎章貼在許阿公的胸前，危機順利解決，這也讓她相當高興，表示阿公、阿嬤們相當融入她的課程，與第一次冷漠不回應不一樣，相當有成就感。

在老少共學課程中擔任協同老師的鄭鈿樺則稱讚李玉霜的課，他說，李玉霜教學帶動方式可以營造相當歡樂的氣氛，而她的熱情也讓長輩們卸下心防，並相當開心，在歡樂的過程中，老

教授一年級「老少一同笑開懷」黃麗蘭

少都能達到學習的目的，是一堂很成功的老少共學課程。

　　老師們均相當肯定老少共學，並表示這是一個有價值的課程，鄭鈿樺觀察，在學習的過程中，不只是學生需要被肯定，長輩同樣也喜歡獲得稱讚，老少都需要正向的力量，讓他們有表現的機會，他們會相當開心，順勢全心投入課程中，讓他相當感動；李玉霜同時也感動於長輩們上課時所給予的回饋，上完課後那種喜悅、成就感久久不散。

　　鄭鈿樺也贊成上課的場域可以不受限於福樂學堂內，在確保長輩們的安全為前提下，讓長輩可以走出福樂學堂，到操場或是教室上課，都可以給長輩不一樣的感受和刺激，對長輩們也有相當的助益；同時，未來在上課之前，老師們與社工、照服員、甚至是營養師共同備課，在多方專業的指導下，讓老師們設計的課程可以更多元，更符合老少共學的目的。

　　老師們在談到老少共學所得到的感受都相當雀躍，也提出往後課程設計相當多的想法和建議，李玉霜認

教授五年級「美麗的海翁」李玉霜

為，老少共學是相當有意義的課程，也是大同國小所擁有跟其他
學校不一樣的條件，能夠實現老少共學、共好的理念；黃麗蘭
說，老少共學讓學生們能夠上不一樣的課程，也許不是課內的知
識學習，卻能透過與長輩們的共學學習與阿公、阿嬤相處，回到
家也能用相對體貼的心情對待自己的阿公、阿嬤，對孩子相當有
幫助。

　　鄭鈿樺則認為，福樂學堂長輩們是大同國小的寶藏，長輩豐
富的人生經驗都值得發掘和學習，過程中阿公、阿嬤們會照顧小
朋友，小朋友也會同理包容阿公、阿嬤們，互相關心、一起學
習，小朋友更可從中提早知道老齡化社會來臨所會面對的問題，
相當珍貴。

　　經過共備課程會議後設計出來的課程，讓老少共學有了相當
成功的結果，老師們都認為相當有意義，也才能保障學生與長
輩，都會是老少共學最大的受益者。

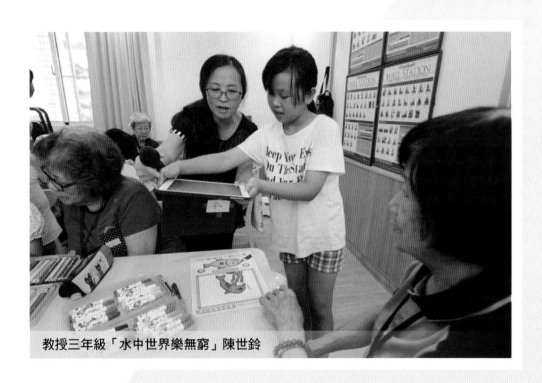
教授三年級「水中世界樂無窮」陳世鈴

教授一年級「老少一同笑開懷」張沛淇

大同國小老少共學教師群

大同國小老少共學教師群

Part 8

回歸人與人相處的
自然模式

回歸人與人相處的自然模式

在大同福樂學堂裡最貼近長輩的就是照服員，當長輩看著大同國小小朋友帶著椅子前來福樂學堂上課時，心情就相當振奮，照服員黃秀梅就感覺到長輩們的動作好像都變快了，一心期待趕快上課，能夠和大同國小小朋友一起上課真是福樂學堂長輩們的好福氣啊！

老少共學課程上課前，福樂學堂就先將此訊息告訴長輩和家屬，結果老少共學上課週幾乎零缺席率，非常難得全員到齊，每天上課前，當照服員告訴長輩們等一下有小朋友要來一起上課喔！長輩們的神情就很快樂，移動到上課教室的速度和動作也比平常快上許多，甚至遠遠看到小朋友們走過來，就催促要趕快進教室上課，長輩們期待小朋友到來的心情真得很迫切。

照服員們都肯定老少共學帶給長輩們正向的影響，以往舉辦過老少共學活動，但因為沒有事前的共備課程會議，所以課程內容、該如何從旁協助等等，照服員其實都沒有辦法配合，在各唱各調的情況下，讓老少共學活動的成果並不理想，經幾次的實驗後，福樂學堂及大同國小取得共備課程會議的共識，參與會議的照服員黃佳惠及黃秀梅都認為共備會議讓老少共學課程進行更完

備。

　　黃佳惠說，之前沒有共備課程會議
的老少共學，上課時她們不知道要如
何配合老師，甚至也不知道要做什
麼，感覺很無奈；黃秀梅則是在參
與共備會議後，佩服老師們在準
備課程上的專業及慎重，且會議中
提出不適合的上課素材也能馬上討
論出替代方案，非常厲害。

　　因為共備課程會議讓福樂學堂的照
服員們能夠流暢的配合老師上課，甚至積
極參與課程，為長輩們爭取榮譽，黃秀梅笑說，
上課要爭取答題和獎章時，阿公、阿嬤們緊張，她也

照服員　黃佳惠

跟著緊張，而且她們了解每位長輩的個性，但老師們不了解，
當上課時發現有點問題就要趕快跟老師說，像是脾氣不太好的
許阿公在上李玉霜老師五年級的課時，因為一直沒有被叫起來
答題，驚天一聲「我反對」，讓她趕快安撫阿公，並要老師快
快讓許阿公答題，趕快貼上獎章，化解危機卻也發現阿公、阿
嬤們其實都很好勝。

　　黃秀梅觀察，老少共學讓長輩們都能夠發揮出自己真正的
專長和個性，像是在一年級捕夢網的製作中，長輩們的藝術原

創性就很好，還會專心指導小朋友；平常自我要求很高，一筆一劃都要相當精準的秀錦阿嬤，在面對小朋友時竟能降低標準，還親自縫製香包送給小朋友；黃佳惠也有同樣感覺，平常阿公、阿嬤好像優點沒有完全展現出來，在跟小朋友一起上課時，因為可以教小朋友，長輩像是當老師一樣，這讓長輩們都展現出跟平常在學堂中不一樣的風貌。

　　老少共學讓長輩們彷彿回到以往在家裡跟孫子相處的情況，以福樂學堂長輩的年紀來說，孫子輩也應該都很大了，他們很少有機會再跟這麼小的小朋友相處，所以看到小朋友大家都很高興，也都像自己孫子一樣的疼愛。黃佳惠說，課程中很活躍的一峰阿公就是個溫暖的阿公，親切的和小朋友討論創作，並完全尊重小朋友的意見，也放手讓小朋友做，自己從旁協助，當作品完成更是以讚賞的語氣和態度來稱讚小朋友，讓小朋友是相當有成就感，也相當開心。

　　黃秀梅說，長輩們真的超級喜歡小朋友，老少共學的課程對長輩們有很好的正向影響，雖然長輩們因為病情幾乎都是早上的

照服員　黃秀梅

事情下午馬上就忘記，但在上課的當下是很開心快樂的，這就非常值得。福樂學堂的長輩們能夠跟小朋友一起上課，套上宗教的概念：真是他們的前世修行所得；黃佳惠也說，老少共學讓長輩開心上課，找回以往與孫子相處時的記憶，小朋友也能夠學習與長輩相處，從長輩們的身上學習到生命教育，對老少都是好處多多。

大同福樂學堂工作團隊，左起黃秀梅、汝良渝、謝文倩、林姿瑀、陳明美、黃佳惠

社工林姿瑜

照服員汝良渝

照服員陳明美

Part 9

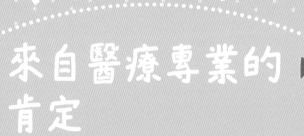

來自醫療專業的
肯定

來自醫療專業的肯定

高雄醫學大學物理治療學系助理教授　蕭世芬

　　對失智長輩來說，小朋友僅僅是陪伴在身旁就是一種很好的治療。高雄醫學大學物理治療學系助理教授蕭世芬高度肯定大同福樂學堂和大同國小老少共學的效果，並表示，代間學習對長輩和小朋友是相互的學習，也是對失智長輩可行的一種治療，但要能夠有效果，老少共學最好能夠長期執行。

　　現代社會以老人為主體的活動種類相當少，多數是社區活動。在國外的實證研究中有看到不少成功的例子，都是結合小朋友到日照中心以陪伴長輩吃飯、合唱歌曲、動手做美勞或節慶應景用品等等，但長期、連續性的老少共學很少。大同福樂學堂因為設立在大同國小裡，具備老少共學的優良條件；小朋友不需專

程前往一般社區的照護據點，而是在每天上學的熟悉環境中自然的跟長輩們接觸。只要能針對這裡的長輩能力的分析、分組，再經由專業的老師、醫護人員設計安全、對老少都有意義的活動，就應該可以較無壓力地帶領老、少世代體驗一起互動、交流的樂趣。若不是福樂學堂就在大同國小裡，老少共學還真不容易做到。

　　老少共學對失智長輩來説，可以算是一種懷舊治療；在台灣長輩們的生活中，照顧孫子、孫女，陪伴做功課、一起吃飯或看影片等，是大家都曾經歷過的「任務」。因此，有小朋友出現在身邊時就會自然激發他們照顧的本能，「阿公、阿嬤」等照顧者的角色會自然出現，完全不需要別人去教導。也因為這樣的情況對長輩來説是熟悉的、無壓力的，若能將想要進行的生活訓練或運動加在老少共學的時間裡進行，要執行的活動可以更輕鬆達標，氣氛也更歡愉，也能夠喚起他們以往和家人相處的記憶。蕭世芬認為，由物理治療師、職能治療師來指導運動或活動時，難免讓長輩有被監督的感覺，也容易會對要執行的動作有意見，常常無法全員完整參與訓練。但設計好的老少共學活動可以擺脫「上課」的感覺，較像是同樂會，阿公、阿嬤陪著做功課的感覺，不僅長輩在輕鬆的氣氛下不知不覺就會完成很多訓練活動，小朋友們也很享受「班上」阿公、阿嬤們的陪伴，跳脫一般上課的嚴肅感，甚至是享受上課！

　　對小朋友來說，老少共學也是很好學習與長輩相處的方式。失智長輩對過去的生活經驗通常都還存有清楚的記憶，因此若能善用長輩們的經驗，再由師長引導，小朋友們可以在代間學習時間不僅能夠從中觀察到老人家的行為模式、老人家反應等等，更能從長輩的人生經驗中認識不一樣的世界。像是福樂學堂有船長退休的阿公、有醫師阿公、有裁縫師阿嬤等等，都可以利用課程設計讓有失智症狀的長輩們仍有機會發揮他們的所長，也能增加小朋友們的視野，蕭世芬認為，由生活技能的角度來看，老少共學有很多可發揮之處。

　　蕭世芬認為，老少共學課程上的安排可以多多聆聽大同國小老師的意見，盡量在不增加一般課程或行政負擔的狀況下施行，才可能真正體會到老少共學的優點。老師們在了解長輩的情況之後，才能依據不同年級學童的認知能力與知識發展，去設計可以配合符合長輩的認知、情緒、生活技能等各層面能力的課程。事實上，老少共學也並非全部都要在課堂上，規劃中午讓小朋友陪伴長輩一起吃飯也是一種學習，不論是長輩自然而然的為小朋友挾菜，或是小朋友為長輩盛湯、擺設碗筷，甚至是為長輩遞一杯水等等，不但增進用餐的樂趣，長輩們也可以從看到小朋友吃飯、使用餐具的樣子，激發一起大口吃飯的鏡像動作表現。

　　老少共學必須要長期執行才能達到最佳的效果。蕭世芬認為老少共學可執行的面向很多，也不完全都要由老師製作教具，福

樂學堂長輩們平日在學堂裡的素材，像是撿來的樹葉、回收的各
種盒子等等，都可以提供給大同國小小朋友進行創作後再拿回來
上課，這是雙方情感的連結，也是很好的雙向學習。

　　針對像大同福樂學堂這群失智長輩一樣的對象來實施老少共
學，目前在台灣還沒有相關的執行方式可依循。蕭世芬期許大同
福樂學堂和大同國小可以經由多次的嘗試後，了解彼此擔心、困
難點在那裡，從中改進，讓老少共學成為快樂學習和生活經驗。

老少共學　有效延緩失智症惡化

　　觀察大同福樂學堂長輩及大同國小學生「老少共學」的課程
後，大同醫院神經內科主治醫師蔡君儀盛讚這是對老少雙方成長
和學習都非常好的方式，長期執行一定會對延緩失智症狀有幫
助。

　　蔡君儀平常間接觸相當多失智症者，多數患者因為腦部退化
而看不出原本的個性，也都相對安靜，然而她在福樂學堂看到老
少共學中的長輩竟然是這麼活潑、勇於表達自己的意思，且發自
內心的大笑，讓她相當感動。因為自己的外婆也是失智症者，待
在一般的安養中心裡，雖然該中心也會安排課程，但長輩們因為
退化的關係，在各種動機上並沒那麼強烈，面對老師在台上帶課
總是有一搭沒一搭的比劃一下，看不出臉上有任何表情，感覺就
沒有那麼快樂，孩子的參與真的對老人有相當大的幫助。

高雄市立大同醫院神經內科主治醫師
蔡君儀

　　蔡君儀觀察，第一天上課因為彼此不熟悉，以致於長輩和小朋友都顯得有點生疏，也放不開，但再次一起上課，長輩和小朋友比想像中的開心，尤其是長輩，因為在小朋友面前可以展現生活上的經驗，可以當小學伴的老師，進行經驗上的傳承，等於是小朋友逼著長輩學習、成長，對於長輩們腦力的刺激相當有幫助。

　　失智症者在人際關係上的互動很重要，蔡君儀在診間總是會建議失智症者仍要有正常的社交活動，大同福樂學堂有 30 位長輩，長輩們的人際關係在平時就可以維持，加入小朋友一起上課，因為可以讓長輩回想到以往兒孫相處的情形，且多

數長輩對於孩子是自然而然的疼惜，也渴望與小朋友互動，有小朋友的刺激可以讓失智長輩表現很好，也可以讓長輩的體力及腦力延緩退化。

　　除了福樂學堂的長輩們可以得到相對的幫助外，蔡君儀認為，老少共學對小朋友的學習及成長相當有利，以目前多數都是小家庭的現況來說，小朋友大多不是太常接觸到老人家，且因為年紀小都是被照顧者，極少有照顧人的想法及實際經驗，來福樂學堂老少共學，不僅可以讓小朋友能夠了解年長者的需求，並因為福樂學堂是失智症者占多數的日照中心，小朋友在課程中也能學習照顧長輩，大同國小小朋友在照顧長輩上展現出來的貼心讓人很驚訝也讚賞。

　　如果老少共學常態執行，蔡君儀認為是相當好且可行的方向，她舉例，目前有許多原住民部落成立日托中心，讓老人家有去處，也讓下課後家裡無人的小朋友能在上課後輔導，老少一起不但能相互照顧，更能夠文化傳承，大同福樂學堂和大同國小因為地利關係，老少共學是非常可行的方向。

設計漸進式課程　成為常態性活動

　　觀察大同福樂學堂和大同國小的「老少共學」課程，讓平時就在福樂學堂帶課的高雄醫學大學職能治療老師呂明馨相當感動和肯定，認為小朋友為失智長輩帶來的情緒和認知刺激是非常獨

高雄醫學大學職能治療老師　呂明馨

特的，若能參考跨專業的建議，設計漸進式課程成為常態性活動，對長輩在社會心理及各方面功能延緩惡化會有很大的助益。

職能治療是利用有意義的日常活動協助失智、失能長輩進行認知和身體功能的復健，經過活潑的活動設計和分級，希望在活動中能引發長輩們參與的高動機進而延緩退化。然而長輩在忙碌的社會模式之下，更需要家人和親情的陪伴，課程中若可像老少共學能提供心理社會支持，更吸引幫助長輩們有高的參與動機，這也是職能治療致力的一環。

對呂明馨來說，老少共學是一項全新的經驗，也曾看過各種相關的研究及報

告，此次老少共學的過程中，處處可見長輩一掃平日的嚴肅感，對孩子們共同參與活動展現了高動機，可見親情對長輩們是有意義的職能活動。她舉例指出，興琴阿公平日在上職能治療課程時都愁眉苦臉的，配合度不高，甚至直接拒絕不做，情緒變化很大，但在老少共學中，興琴阿公不僅全程都笑咪咪，參與度更是高，不斷主動與小朋友互動，也會主動詢問小朋友意見，展露出他的本性，這樣的差異讓她很驚訝，也肯定老少共學對失智長輩們的效果。

小朋友就是引發長輩們高動機最好的憑藉，長輩們在小朋友面前自然而然的就展現他們的柔軟心，呂明馨認為，與小朋友共學會讓長輩想起家裡的兒孫，因為生病有可能被善意剝奪與孫子輩相處的機會，兒女們會叮嚀孫子不要去吵生病的阿公、阿嬤，但失智長輩仍然需要正常的社交，人際關係的正常往來可以延緩失智症狀的惡化，兒女的體貼反而讓長輩在這部分沒被滿足。

從福樂學堂長輩和大同國小小朋友老少共學中可以看出，長輩們被小朋友刺激的情緒及高動機是持續的，因此，呂明馨建議可以採漸進式的設計課程，讓老少共學成為雙方常態性課程，不過，目前的老少共學課程內容比較偏向「教育」性，未來應該納入身體、心理上相關的學習內容，並能針對長輩們不同的疾病進行考量，同時也能夠利用職能治療的有意義活動，讓老少共學課程可執行的功能及層面更多。

　　呂明馨說，將來若能把老少共學列入課綱更好，除了可以延緩失智長輩的惡化外，對於小朋友也可以藉由自然的互動中，學習與長輩相處，不論對失智長輩，還是學生都很有幫助，期待老少共學可以在福樂學堂和大同國小開花結果。

Part 10
看見改變的力量

看見改變的力量

　　「感動！真的好感動」，當張小姐看著媽媽跟大同國小小朋友老少共學時，顯露出平時少見的柔和、溫暖時，直呼好感動！小朋友真的是天使，帶給老人家無限快樂，真的很感謝。

　　張小姐的媽媽是陳阿嬤，算是大同福樂學堂的新生，2018年 4 月試讀，5 月入學，陳阿嬤從試讀時就相當喜歡福樂學堂，入學後因為每天都有說話聊天的夥伴，也有各式各樣的課程可以學習，讓她每天都想到福樂學堂上課，幾乎天天 6 點多就「Monring call」張小姐，催促她趕快來載她去上課，有時候假日還會因為不用上課感到惋惜不已。

　　陳阿嬤是屏東人，小時候家裡就務農，又是兄弟姐妹中排行老大，在家庭責任的重擔下，情感並不輕易顯露，讓張小姐從小就覺得媽媽是位有點嚴肅、也有點凶的人。在張小姐兄弟姐妹們出外工作或各自嫁娶後，媽媽一人獨居在屏東，大家有空才會回老家看看媽媽，但也頂多只是吃個飯、聊一下就趕著回家，兒女甚至是孫子輩跟媽媽相處的時間並不是太多。

　　兩年多前張小姐回家探視媽媽時發現，媽媽每一天都到菜市場買同樣的菜，都是高麗菜、絲瓜、魚等等，買到家裡的冰箱、

大冰庫都塞了滿滿的東西，怕被他們責罵還會偷偷藏在床底下，不斷反覆、重複的結果，讓當時才剛看過有關介紹失智症書籍的張小姐起疑，後來又發現媽媽有猜疑心，猜疑有小偷進房間偷她的錢包，一直說錢不見了，講得活靈活現，讓張小姐的妹妹不由得相信媽媽的猜疑，兄弟姐妹還特別在老家加裝監視器，當然是誰也沒抓到。

因為媽媽所展現出來的情況跟書本所寫的幾乎一樣，張小姐與哥哥商量後，帶著媽媽到醫院檢查，結果判定為輕度失智，為怕媽媽獨居危險，張小姐的哥哥便將媽媽帶到高雄一起生活，並很幸運的排到福樂學堂上課。

張小姐心目中的媽媽是有點嚴肅，不笑時會感覺有點凶的人，她笑說，媽媽會這樣是環境使然，身為老大一肩扛起照顧之責，而後結婚生小孩又務農，自然無法輕鬆，以至於跟兒女或孫子親親抱抱等親密的舉措根本就不可能，甚至，她都懷疑媽媽是不是抱過她？！所以，當她看到在老少共學時，媽媽對一起上課的小朋友不僅呵護有佳，用相當柔和的眼神看著小朋友，下課時還跟小朋友抱抱說再見，讓張小姐是驚訝萬分。

張小姐說，小朋友真的是天使，她很少看到媽媽臉上有這麼溫暖的神情，甚至老師邀上台唱唱跳跳也馬上上前一起唱跳，真得太放得開了，看著這麼放得開的溫柔媽媽，讓張小姐相當暖心，下午接媽媽回家時順勢稱讚一下媽媽早上跟小朋友上課非常

投入時，媽媽竟也回她，雖然看不懂字，但被叫上台當然就要跟著哼幾句，實在是「金促咪」。

張小姐看著媽媽上課神情相當高興，因為媽媽在這裡太快樂了，也非常肯定老少共學，天使般的小朋友可以讓老人家完全放開心胸，自然的激起他們疼惜之心，如果老少共學課程能夠每週都固定上課，那真的是太棒了！

福樂學堂已成為生活寄託

耀漢阿公的太太邱美芳同樣也被熱鬧的老少共學課程吸引，不但駐足觀察，看到耀漢阿公跟小朋友自然的互動，還特別進到教室幫忙拍照留影，耀漢阿公在老少共學課程時相當積極，不僅主動提筆畫魚，還會跟小朋友討論如何縫製香包，對於問題搶答更是不斷高舉手回答問題，邱美芳說，老公回家雖然沒有說些什麼，但從他上課時的表情可以知道他很喜歡跟小朋友一起上課，課程也相當有趣。

耀漢阿公本來就很喜歡小孩，在未生病之前是大學裡的行政人員，每天就是跟孩子相處，脾氣很好，對孩子也都很好，但因為家族中有失智症的遺傳，以至於在 62 歲那年出現經常忘東忘西，工作壓力又大，只好提早退休，離開他最愛的工作崗位。

退休後的耀漢阿公因為屬於輕度失智症，平常很好照顧，為了放鬆過生活，和太太邱美芳就到英國倫敦女兒家居住，跟外孫

共享天倫樂，但在去年一次意外的車禍，讓原本輕度的失智變得更嚴重，英國沒辦法去了，卻在大同福樂學堂找到生活的樂趣。

邱美芳說，她獨自一人照顧先生，在先生失智變嚴重後，一人照顧其實有點吃力，因此，到福樂學堂後，不僅先生生活中能因為福樂學堂裡的夥伴和課程找到寄託，在學堂生活也相當適應，更喜歡有歌唱的課程。她同樣也因為有喘息時間而能放鬆，加入老少共學的課程更為很有趣，多數的老人家都是喜歡小孩的，就像是自己的兒孫輩一樣，快快樂樂就上完一堂課。

耀漢阿公與太太邱美芳鶼鰈情深

Part 11

跨世代的學習
(Intergeneration Learning)

跨世代的學習
(Intergeneration Learning)

高雄市立大同醫院復健科主任 陳天文

高雄市立大同醫院復健科職能治療組組長 蔡秋瑾

　　不只是終身學習，老人安養不只是照顧，也是一種夥伴關係，一種人生經驗的分享。家有一老，如有一寶，在從前長輩的智慧與人生經驗，可以帶領整個家族渡過難關，趨吉避凶。曾幾何時老人變成一種被嘲笑的對象，成為大家逃避的老骨董等等負向名詞。

　　「老人安養」也變成以安全為名，方便照顧為實，變相剝奪了老人維持獨立和尊嚴的自主權，在台灣變成只能坐在電視機前看電視的老人是常態。老人安養托育，也需要有社會化的活動及尊嚴，每一位長輩都有他的人生經驗及技能，不應該無條件的歸零而埋入歷史的洪流中，小孩是我們的未來，需要培養及協助，但現在社會普遍是核心小家庭，平日看不到年紀大的長輩，小孩無法認識及學習了解老人，與老人相處。除此之外，我們的社會

對於隔代教養也有不友善的眼光，認為小孩可能因此沒有得到適當的照顧。

但如果能讓兩者互相照顧學習，藉此使老年人重新定位自己，而幼兒也能與年長者建立良好關係，不會對老人產生不良刻板印象，進而導致跨世代間隔閡，老人也可藉由與幼兒互動而感受生命力，進而肯定自我。事實上，從 1980 年開始，美國和日本就已經在推動各種跨世代間學習，主要特色在於以社區及學校為基礎的跨世代學習中心。而現在日本、歐美等先進國家老少共學、跨世代的學習及分享照顧，已經逐漸融合在一起了，老少可以一起學習，一起適應成長。

長輩疼孫，曾經有長輩跟我說老人就是愛與小孩在一起。小孩也比較不會把老人當作失能的人，而且老人與小孩也可以形成夥伴關係，一起分享活動及學習新的作業。心理學家指出，老年人在心智功能逐漸退化後，會變得很像孩子，真誠、固執且都渴望被注意和愛；孩子喜歡重複性的遊戲，老人也喜歡重複性的話題，而代間學習不但可以重建老人的價值，還可以消弭代間鴻溝。

目前也已有學術研究提出老人與小孩在一起活動，可以促進老人的身體活動功能及智力的反應，甚至與失智症者在一起也可以增進失智症者的清醒程度，有助於促進長輩學習及健康的維持，因為小孩可以帶來不同的刺激、不同的觀點及活力，不讓老

人覺得被社會標籤化或孤立化。在臨床上能夠減輕老人憂鬱症的發生，增加老人的活動力及改善語言溝通能力。

另外也有許多研究報告指出老人與小孩在一起活動，可以讓老人減少孤單感，減輕智力退化、降低血壓、減低疾病壓力。在日本也有類似研究報告，建議可以增加老人笑容及聊天的時間。

當然跨世代的融合學習及分享照顧，不只是對老人有幫助，也對小孩有幫助，小孩可以體驗並享受早年大家庭互相支持的經驗，對老人較不會有區別心。有研究表示幼童參與跨世代間學習方案後對於老人生理、社會老化趨於正面的認知，也能幫助學業進步及擁有較正向的態度。而現在家庭成員少，又分散各地，缺乏時間瞭解不同世代，不像從前大家庭數代同堂，小孩比較可以從長輩學習生命的經驗與生活的態度。此外，有研究指出，老人和學齡前孩童有著被重視與需要的共同點，在相互分享以及關心、協助的過程中，小孩和老人可以幫助彼此感受自己的重要性，增強自我信心。

雖然有那麼多的好處，老人也歡迎與小孩的相處，及分享他們的生命經驗與技巧，可是在實際執行上仍然需要注意分享照顧。夥伴精神不是真正的節約人力，仍然需要有充足人力作支持及監督，而不是讓老人與小孩完全獨處。活動的設計，最好可以兩兩互動，且仍要注意老人與小孩的差異性，困難度不能太高；另外，有研究建議可以針對老年人的專長，讓老年人主導教學，

成效應該可以更好；除此之外，活動一定要注意安全及預防跌倒
意外的產生；老人與小孩都是健康上比較脆弱的族群，因此需要
注意健康衛生守則，對參與活動的小孩與老人都應做健康的篩
選，避免疾病傳染。老人與小孩畢竟是不同的族群，仍然需要有
各自的活動空間，所以老少共學的跨世代融合，從環境設施、人
員的安排挑選及活動的設計，都要和過往單純老人或小孩的活動
不同，平衡代間需求，才可以突顯老少共學的成效。

高雄市立大同醫院復健科主任　陳天文

高雄市立大同醫院復健科職能治療組組長　蔡秋瑾

國家圖書館出版品預行編目（CIP）資料

跨世代心靈悸動：大同福樂學堂老少共學
記述 / 吳文正等著. -- 初版. -- 高雄市：巨
流, 2018.07
　面；　公分. -- (大同日照叢書；3)
ISBN 978-957-732-568-6(平裝)

1.老人養護 2.日間照護 3.文集

544.8507　　　　　　　　　　107012178

大同日照叢書 03

跨世代心靈悸動：

大同福樂學堂老少共學記述

作　　　　者　吳文正、吳登強、羅永欽、陳芳銘、陳益良、陳麗琴、楊淵韓、
　　　　　　　陳天文、戴書郁、黃建民、黃仲平、謝文蒨、雷　蕾、蔡秋瑾、
　　　　　　　葉娜慧、林鶴貞、李玉霜、陳姿今、黃莉棋、張沛淇、黃麗蘭、
　　　　　　　陳世鈴、郭姿伶、鄭鈿樺

執 行 編 輯　雷蕾
攝　　　影　黃富貴
封 面 設 計　黃士豪
發 行 人　楊曉華
總 編 輯　蔡國彬

出　　　版　巨流圖書股份有限公司
　　　　　　80252高雄市苓雅區五福一路57號2樓之2
　　　　　　電話：07-2265267
　　　　　　傳真：07-2233073
　　　　　　e-mail：chuliu@liwen.com.tw
　　　　　　網址：http://www.liwen.com.tw
編 輯 部　23445新北市永和區秀朗路一段41號
　　　　　　電話：02-29229075
　　　　　　傳真：02-29220464
郵 撥 帳 號　01002323 巨流圖書股份有限公司
法 律 顧 問　林廷隆律師
　　　　　　電話：02-29658212
出版登記證　局版台業字第1045號

ISBN　978-957-732-568-6（平裝）
初版一刷　2018 年 07 月

定價：330 元

大同日照叢書 01

光和日照大同：老幼共學的大同福樂學堂

吳文正等著
定價 350 元

　　老年人口增加和少子化的社會結構變化，讓老人照護機構需求增加，而學校閒置空間也愈來愈多，一增一減的空間需求，成為政府部門亟應重視的問題。

　　高雄市邁全國之先，於 2016 年 8 月由高醫體系接受委託經營的高雄市立大同醫院利用鄰近的大同國小閒置教室設立大同福樂學堂日照中心，並以老少共學為目標，成功的模式將可作為其他各縣市參考典範。

作者
吳文正、吳登強、羅永欽、陳芳銘、陳益良、陳麗琴、楊淵韓、陳天文、戴書郁、黃建民、黃仲平、謝文蒨、葉娜慧、雷蕾

妙手畫・話人生
：大同福樂學堂家民生活素描

吳文正等著
定價 320 元

　　以在地安老、老少共學為目標的大同福樂學堂日照中心，為全台灣首座由現存國小校園部分校舍改造成銀髮日照中心，也是高雄市建立「長照─學校─社區」日間照顧中心服務模式之先峰。

　　台灣正面臨老年化的社會，長期照顧的需求逐年增加，而被診斷或隱藏的失智症病人也逐年上升，本次由大同醫院策劃福樂學堂系列叢書 02，由家民們課程創作內容出發，述說家民們的人生故事，描述失智症狀及到學堂後的改變，希冀社會大眾能更加了解失智症的醫療照顧方向與效能。

作者
吳文正、吳登強、羅永欽、陳芳銘、陳益良、陳麗琴、楊淵韓、陳天文、戴書郁、黃建民、黃仲平、謝文蒨、雷　蕾、蔡秋瑾、葉娜慧